Generis
PUBLISHING

AF434114

INITIATION
A LA PHILOSOPHIE AFRICAINE
Pour P. Tempels, Niamkey Koffi et P. J. Hountondji II

Louis MPALA Mbabula

CIP a Camerei Naţionale a Cărţii

Mpala Mbabula, Louis.

Initiation a la philosophie africaine Pour P. Tempels, Niamkey Koffi et P. J. Hountondji II / Louis Mpala Mbabula. – Chişinău : Generis Publishing, 2020 (Print on demand). – 139 p.

Referinţe bibliogr.: p. 10-107, 133-139 şi în subsol.

ISBN 978-9975-3348-8-4.

1(6)

M 92

Cover Image: www.pixabay.com

Online orders: www.generis-publishing.com
Orders by email: info@generis-publishing.com

En mémoire du philosophe congolais Abbé Nestor MWIDYA Kalenga, alias WendaWenda, amoureux de la philosophie africaine et de Alfons Josef SMET, l'historien incontournable de la philosophie africaine contemporaine.

SOMMAIRE

Je remercie l'Assistant Abbé Ignace KABULO Mwaba qui a saisi le texte et dont la discussion sur l'un ou l'autre point m'a permis d'approfondir tel ou tel point.

Je remercie le philosophe camerounais Hubert Mono Ndjana qui met mes écrits à la disposition des étudiants afin de leur faire entendre un autre son de cloche qui se fait entendre à partir de l'Université de Lubumbashi à Lubumbashi en République Démocratique du Congo.

Je remercie les Editions Generis-publishing pour avoir accepté de publier ce livre en Europe.

INTRODUCTION GENERALE

Le concept *initiation* vient des mots latins *initiatio, iniatiare* et *initiatum* signifiant commencer, commencement et entrée. L'*initiation* est comprise dans différents domaines (religieux, familial, mystico-religieux, ésotérisme, etc.) comme toute procédure, tout ensemble d'actions ou toute épreuve, et ce après un enseignement approprié, qui conduit à un passage dont la vertu est la transformation du statut social, spirituel ou scientifique d'une personne. De ce fait, l'initiation a pour fonction« de marquer la transition d'un statut ou d'un état social à un autre »[1]. Cela entraîne, dans le chef de la personne concernée, un éveil de la conscience qui se traduit par une autre manière d'être, car il y a une nouvelle vision du monde qui supplante la première.

Dans la société traditionnelle africaine pratiquant la circoncision, le jeune homme devrait être initié. Cela signifie qu'à un certain âge fixé par les anciens ou sages de la société, le jeune homme sera retiré de la société des femmes et des enfants pour suivre un enseignement spécialisé en brousse ou en un lieu protégé. A la fin de cet enseignement, suivra la circoncision. Ainsi, il sera intégré dans la société des adultes et à son retour au village, il sera une nouvelle créature avec une nouvelle conscience. C'est par son comportement qu'il montrera qu'il est devenu un autre. Cela vaut aussi pour la jeune fille qui voit ses premières menstrues et qui doit recevoir un enseignement ou une initiation devant créer en elle une conscience d'une nouvelle créature dont le comportement la fera entrer dans la société des adultes et capable de veiller sur son mari une fois mariée.

A dire vrai, par l'*initiation*, il y a un *changement ontologique* (au niveau de l'être ou de la nature humaine) et un *changement ontique* (au niveau de la manière d'être ou du comportement dans le monde). Il y a un moment de deuil car on quitte sa vie habituelle.

Par l'*initiation*, s'opère le phénomène d'enculturation. On est introduit dans la nouvelle culture ou mieux dans une nouvelle communauté assurant un *apprentissage* et proposant une *moralité*.

Parler d'une *Initiation à la philosophie africaine* semble être prétentieux pour certains et non indiqué pour d'autres. Prétentieux pour certains, parce que c'est une tâche titanique compte tenue de la densité de cette philosophie qui semble être un monstre à plusieurs têtes parlant des langues différentes. Surtout que certains

---

[1] A. ZEMPLENI, « Initiation », dans P.BONTE et M.IZARD (dir), *Dictionnaire de l'ethnologie et de l'anthropologie*, Paris, PUF, 2012, p.375.

font croire aux autres que la philosophie africaine n'existe pas et si elle existe, elle commencerait soit avec Placide Tempels soit avec les philosophes africains sortis des universités occidentales ou africaines ayant des programmes alignant des philosophes occidentaux. Non indiqué pour d'autres, parce qu'il serait indiqué de parler d'introduction à la philosophie africaine ou d'histoire de philosophie africaine. J'en suis conscient et je sais que cette *Initiation à la philosophie africaine* se veut un écrit parmi tant d'autres sur la philosophie africaine, mais elle se présente comme une mise au point pour jouer un rôle, celui de marquer un passage mental d'une rationalité à une autre, d'une compréhension à une autre.

Il sied de rappeler que si l'Afrique s'écrit au singulier, sa réalité est au pluriel. En effet, il y a plusieurs Afriques de par les diverses cultures, mentalités, histoires, politiques, religions, etc.[2]Ainsi je devrais parler de philosophies africaines au pluriel. Jean-Godefroy Bidima en 1995[3] (dénonce « le substantialisme unitaire ») et Séverine Kodjo-Grandvaux en 2013[4] tiennent le même langage que moi. Cette *Initiation* est à la philosophie africaine. Jean-Godefroy Bidima ne veut pas que l'on parle de la *philosophie en Afrique*, « car elle articulerait alors un rapport d'extériorité où la philosophie, réalité étrangère gonflée de ses titres de noblesse et de séjour, ferait une escale en Afrique en attendant- une fois sa mission accomplie et sans se déclarer à la douane des cultures africaines- de continuer son odyssée »[5]. Et en 2002, il est revenu au bon sens en parlant de la philosophie en Afrique : « Le paradigme de la traversée ne dit pas ce qu'*est* l'histoire africaine ou la philosophie en Afrique… »[6]. Je ne voudrais pas soumettre à la critique le paradigme de la traversée qui est « trop optimiste ». Monu M. Uwodi l'a qualifié d' « une apologie de l'espérance »[7] en oubliant que la *traversée* a aussi ses écueils dont le naufrage sur la rivière, le lac, la mer et des accidents sur la terre. Rien ne nous garantit qu'après la *traversée,* la douane nous laissera passer. Les récits des migrants sont édifiants quant à ce. Trêve de la raillerie de la « philosophie d'identité » ployant sous le « *fardeau de la preuve* »[8].

---

[2] Cette idée se trouve déjà développée dans ma critique de 1994 adressée au Philosophe congolais IRUNG Tshitambal. Cfr L. MPALA Mbabula, *Attention à la démocratie consociative du philosophe IrungTshitambal !* Lubumbashi, Editions Mpala, 1994.

[3]Cf. J.-G. BIDIMA, *La philosophie négro-africaine*, Paris, PUF, 1995 ; p.3.

[4] S. KODJO-GRANDVAUX, *Philosophies africaines,* Paris, Présence Africaines, 2013.

[5] J.-G. BIDIMA, *Op.cit.,* p.3.

[6] IDEM, « Introduction De la traversée : raconter des expériences, partager le sens », dans *Collège international de Philosophie/ « Rue Descartes »* 2002/2 n°36, p.8.

[7] UWODI Monu M., *La philosophie et l'africanité : critique d'un intellectualisme fermé,* Paris, L'Harmattan, 2003, p. 154.

[8] J.G. BIDIMA, *art.cit.,* p.14.

Ne jamais oublier que chaque philosophie est fille de son temps, y compris le paradigme de la traversée. Qu'à cela ne tienne, J.-G. Bidima ne manque pas parfois de bonnes idées.

L'*Initiation à la philosophie africaine* suppose que l'on commence par parler de la philosophie, par dire ce qu'elle est et ce qu'elle n'est pas. Tâche ardue car autant des philosophes, autant des définitions. Et pourtant l'on doit aider la personne à initier à ne pas sombrer dans le relativisme, mais à relever la tête et prendre une position raisonnée. Je dois le conduire au village philosophique en parcourant des chemins pas toujours bien tracés.

En outre, l'*Initiation à la philosophie africaine* sous-entend l'*indexicalité* de cette philosophie. A ce propos, J.-G. Bidima a des mots justes : « Il faut l'articuler à un contexte, à un lieu (D'où parle-t-elle ? A quoi réfère-t-elle son discours ? Sur quoi se fonde son gain ? Et quel but vise-t-elle ? »[9] et il poursuit : « La question du lieu peut se fragmenter en quatre moments selon le schéma très connu de la langue latine : le lieu propre (*ubi ?*), la provenance (*unde ?*), la destination (*quo ?*) et la traversée (*qua ?*). Son lieu propre : *où* est-elle cette philosophie africaine, dans la tête des Africains scolarisés[10] ou dans les traditions africaines ? Son lieu de provenance : *d'où* vient-elle, de l'Egypte pharaonique, de la culture copte, des mouvements de libération afro-latino-américains, des cultures ante-coloniales, de « l'effet » du missionnaire Tempels, des affirmations de la négritude ? Lieu de destination : *vers quel destin* et finalité évolue-t-elle ? (…) Et enfin, son lieu de traversée : *par où, par quoi, par quels* faits essentiels et quels effets transférentiels et paradoxaux articule-t-elle ses plans (textuel, sexuel, ontophanique, éthique, politique et esthétique…) ? »[11]. A travers les questions posées par Bidima, l'on peut déjà soupçonner sa conception de la philosophie africaine ou mieux négro-africaine.

Par ailleurs, l'*Initiation à la philosophie africaine* m'invite à faire voir à la personne à initier que l'homme reste un être faillible et qu'il est toujours appelé à rebrousser chemin toutes les fois que les autres lui font voir son erreur ou toutes les fois qu'il la découvre. Bref, tout homme doit avoir peur de sa propre conscience pourvu qu'elle soit aigüe. Ainsi on aura Marcien Towa I et II, et Paulin

---

[9] IDEM, *La philosophie négro-africaine,* p.3.

[10] Parler des Africains scolarisés présuppose une certaine conception des philosophes. Pourquoi ne pas parler des Africains « intellectuels », analphabètes soient-ils ? Pour moi, je peux être analphabète mais intellectuel. Toute personne qui utilise son intelligence pour résoudre et aborder les problèmes ayant trait à la vie, etc., est intellectuel.

[11] J.-G. BIDIMA, *La philosophie négro-africaine,* p.3-4.

Houtondji I et II comme il y a Ludwig Wittgenstein I et II. Les latins l'ont si bien dit : *errare humanum est sed perseverare diabolicum* (il est humain de se tromper, mais persévérer est diabolique). Voilà pourquoi il est indiqué de dire : « Je garde ma position *jusqu'à preuve du contraire* ». Souvent la vérité n'est ni de mon côté ni de ton côté, mais devant nous. D'où la tolérance et l'humilité humaine et scientifique.

Suivant le conseil de Louis Althusser, je dois dire de quel lieu théorique et pratique d'où je parle. Philosophe congolais (de Congo Kinshasa), évoluant à l'Université de Lubumbashi, je reste convaincu que la flamme de la philosophie africaine académique fut allumée au sein de l'Université de Lubumbashi ; en témoignent les *Journées philosophiques* organisées à Lubumbashi du 1er au 4 juin 1973 sous le thème général *Pourquoi la philosophie en Afrique* dont les textes et débats sont publiés dans Les Cahiers Philosophiques Africains numéros 3 et 4, le Séminaire National des Philosophes Zaïrois organisé à Lubumbashi du 1er au 4 juin 1976 ayant pour thème général *La place de la Philosophie dans le Développement Humain et Culturel du Zaïre et de l'Afrique* dont les textes et débats sont publiés dans un Rapport complet et le colloque sur la philosophie africaine tenu à Lubumbashi du 11 au 15 janvier 1982 sous le Haut-patronage de Mgr Tshibangu Tshishiku, ayant pour thème général *Dix ans d'activité philosophique en Afrique et au Zaïre* et dont les actes ont été publiés.

Puisse cet écrit éclairer l'un ou l'autre point de la philosophie africaine et pousser l'initié à se mettre debout et marcher pour rencontrer les philosophes africains dans leur diversité de domaines philosophiques et de thèmes portant sur les problèmes philosophiques de l'Afrique et du monde entier.

Je dois dire, à la suite de Louis Althusser, que je dois traverser une forêt d'écrits et c'est à la sortie de cette forêt que je me rendrais compte que j'ai tracé un chemin oblique. Autrement dit, me trouvant devant les écrits de plusieurs historiens de la philosophie africaine dont A.J. Smet, P. Ngoma-Binda, J.-G. Bidima, G. Biyogo et H. Mono Ndjana, je me trouve embarrassé et je ne vois par où commencer.

Comme il s'agit d'une *Initiation à la philosophie africaine,* je pense qu'il faille commencer par répondre à la question *Qu'est-ce que la philosophie ?* tout en sachant que cette question relève de la philosophie elle-même et s'apprête à plusieurs réponses selon le lieu théorique et pratique d'où parle celui ou celle qui la pose et qui y répond. En philosophie, il n'y a pas de position neutre, on y prend toujours position. Cette question sera suivie d'une autre : *Peut-on parler de la philosophie africaine ou existe-t-il une philosophie africaine ?* Cette question renvoie au débat de l'existence et de la non-existence de la philosophie africaine. Poser cette question et y répondre font partie de la philosophie africaine. La bibliographie sur ce débat est abondante. Les deux précédentes questions engendrent une troisième, et ce après avoir séché la salive philosophique : *Quels sont les autres aspects ?* Encore une fois les armes seront levées sur ce champ de bataille. A cette question se trouve naturellement liée la question suivante : *Quels sont les courants de cette philosophie africaine ?* A cette question, il y a un dénominateur commun : il y a plusieurs courants. Lesquels ? Les réponses sont divergentes surtout que l'histoire de la philosophie africaine est devant nous ou mieux, elle se poursuivra après nous pourvu que le monde continue après nous. Toutefois une autre question est au rendez-vous : *Qui est philosophe africain et sur quels thèmes réfléchit-il ?* Encore une fois, la réponse dépendra d'une personne à une autre selon les unités de ses lunettes philosophiques.

De ces différentes questions et des débats soulevés, l'initié se rendra compte que la philosophie, africaine soit-elle, se nourrit des discussions et ne se réduit pas aux discussions. Cela fait partie de sa spécificité, car l'être humain reste un être faillible, toujours à la recherche de la sagesse, de la vérité ou des vérités, de ses raisons du pourquoi la vie vaut la peine d'être vécue et du sens d'être de la mort.

Comme d'aucuns peuvent le deviner, les questions posées constitueront l'ossature de ce livre. Parlant du même sujet, un autre proposerait une autre ossature. J'en suis conscient !

Le sous-titre, Pour P. Tempels, Niamkey Koffi et P. J. Hountondji II, a son sens d'être. Les trois figures, selon moi, marquent la philosophie africaine contemporaine. Malheureusement, les gens qui parlent d'eux ne savent pas que *La philosophie bantu* de P. Tempels a été mal traduite. Smet nous permet de découvrir un autre Tempels. Niamkey Koffi, en publiant en 2018 ses anciennes critiques contre P. J. Hountondji, nous contraint à ne pas, de nos jours, faire un pas en arrière quand on parle de la philosophie africaine. P. J. Hountondji II, à travers ses nouveaux écrits, nous apprend à tenir à nos positions aussi longtemps que personne ne nous a convaincu. Par ailleurs, il nous enseigne l'humilité scientifique, celle de rebrousser chemin et de reconnaitre ses erreurs antérieures. Ainsi, avec P. J. Hountondji II, la philosophie africaine a une nouvelle trajectoire et beaucoup de philosophes africains n'ont pas attendu P. J. Hountondji II « pour philosopher autrement ». Ces trois figures me semblent incontournables et nous leur devons du respect. Ce livre leur est consacré et toute personne qui enseigne ou s'intéresse à la philosophie africaine doit s'interdire de répéter les « erreurs » sur P. Tempels et Hountondji. Evoluons avec l'histoire de la philosophie africaine et avec les philosophes africains.

Destiné aux néophytes, ce livre peut être un matériel didactique dont peuvent se servir ceux et celles qui enseignent la philosophie africaine. Quitte à mettre, après, à la disposition des initiés ou étudiants les écrits des philosophes africains.

J'ai ajouté un chapitre consacré au feu Professeur Emérite Alfonz Josef Smet afin que les jeunes philosophes sachent que cet éminent historien de la philosophie africaine contemporaine est une figure incontournable en philosophie africaine. Je dois toujours me souvenir de lui après avoir parlé avec lui.

Le livre se termine par l'annexe constituée de l'écrit du C.T. Richard Lubembo Kabeke qui philosophe en africain.

CHAPITRE PREMIER : QU'EST-CE QUE LA PHILOSOPHIE ?

1.0. INTRODUCTION

La question *Qu'est-ce que la philosophie ?* attire l'attention de tous les philosophes. Voilà pourquoi André Comte-Sponville m'édifie quand il affirme que la question **« qu'est-ce que la philosophie ? »** est déjà philosophique[12], et ce parce qu'elle se pose au sein d'une problématique donnée qui lui donne son sens et sa portée.

Et je fais déjà remarquer que cette question a des réponses différentes autant qu'il y a des philosophes. Pourquoi cette diversité des réponses ? Que personne ne s'étonne, car cela est propre à la philosophie. Oui, faire de la philosophie, c'est savoir **« se questionner »**[13] **- Ainsi on n'aura pas une réponse simple**, en effet, on doit « justifier ses affirmations, expliquer les raisons qui permettent de défendre son point de vue, envisager les critiques possibles et chercher à répondre à ces objections. [Alors] il faut **argumenter »**[14] **- il y a plusieurs points de vue qui s'affrontent** : faire de la philosophie, c'est aussi « chercher à comprendre la signification des notions fondamentales de nos vies et de nos croyances. Il s'agit de clarifier le sens des idées que l'on utilise, de les définir précisément. [Comme on peut le deviner] il faut faire de **l'analyse conceptuelle »**[15]**-car pour éviter les équivoques, on doit s'entendre sur le sens des notions qu'on utilise.**

Quand je me pose la question de savoir ce qu'est la philosophie, je dois tenir à l'esprit que je ne suis pas le premier à me poser cette question. Ceci dit, je suis invité à prendre connaissance des réponses antérieures portant sur cette question et je me rendrais compte que la réponse que j'aurais à donner ne sera pas si simple. Pour ce faire, je me dois de justifier mes affirmations que j'avancerais et je suis appelé à expliquer les raisons qui me poussent à défendre ma réponse. Ceci sous-entend qu'en répondant à cette question je suis en face d'un éventuel critique capable de m'objecter et qui m'exige des raisons valables et raisonnées pour qu'il adhère à ma réponse ou position. Ainsi mes arguments doivent être raisonnés pour éviter des affirmations gratuites.

---

[12] Cf. A. COMTE-SPONVILLE, *La philosophie,* Paris, PUF, 2008, p.3.

[13] C. EYSSETTE, « Introduction à la philosophie, 2010-2011 » [en ligne] *http://eyssette.net/*(page consultée le 28/10/2013).

[14]*Ibidem.*

[15]*Ibidem.*

De ce fait, je dois peser mes mots sur « la balance philosophique ou conceptuelle » en les définissant, en disant ce que j'entends par tel ou tel mot, et ce en vue d'éviter l'équivocité. Autrement dit, mon interlocuteur potentiel, absent pendant que j'écris ou présent pendant que j'ouvre la bouche, est invité à avoir la même compréhension du mot que moi afin de ne pas répondre aux questions comme : *que veux-tu dire par là ? Quel sens donnes-tu à cette notion ?[16]* Bref, la clarification des mots est indispensable pour échapper au dialogue des sourds et je suis convié à utiliser un langage clair et simple quand bien même il serait philosophique. Le jeu des mots non indispensable fait la mauvaise publicité du langage philosophique. C'est un mensonge entrevu et entrevu, celui de faire croire aux « naïfs » que le langage philosophe est réservé aux initiés ; sinon Louis Althusser n'aurait pas pensé d'écrire son *Initiation à la philosophie pour les non-philosophes[17]*. Le philosophe écrit pour se faire comprendre, sinon on serait traité de « Héraclite l'Obscur ». En quoi était-il *Obscur* ? Chacun donne sa propre réponse. Je pense que c'est cela qu'il convient d'éviter.

Jusque-là je n'ai pas encore défini la philosophie, mais je parle de « faire la philosophie » tout en sachant que cette façon d'en parler ne fait pas l'unanimité. Voilà qui me renvoie à argumenter et à analyser les concepts utilisés. Ainsi sera suscité le débat. Mais, **attention ! La philosophie n'est pas un art de discussion même si c'est à travers la discussion qu'elle grandit.**

Comme on le constate, il n'est pas facile de dire ce qu'est la philosophie pour la simple raison qu'elle est avant tout une **ACTIVITE et non une doctrine.** Elle est **comme la vie qu'il faut vivre.**

Cependant je vais **essayer** de répondre à la question **« qu'est-ce que la philosophie ? »** en partant de son sens étymologique, de son origine et de son objet. Cette façon de procéder est une voie parmi tant d'autres.

---

[16] Ici je me souviens du Professeur Emérite Georges NDUMBA quand il nous dispensait le cours de philosophie analytique.

[17] Cf. L. ALTHUSSER, *Initiation à la philosophie pour les non-philosophes*, Paris, PUF, 2014. Ce livre est de 1978 et il est resté inédit jusqu'en 2014. Il est juste de dire que certaines affirmations de ce livre seraient revues « à la baisse ». En fait foi son livre *Sur la philosophie* publié à Paris aux éditions Gallimard en 1994 dans lequel apparaît Louis Althusser II suite à la lecture de *Que faire du « Capital » ?* de Jacques Bidet.

1.1. SENS ETYMOLOGIQUE

Le mot philosophie est d'origine grecque. PHILIA signifie amour ou la "tension vers" ou encore la recherche et SOPHIA désigne la sagesse. Comme on le voit, il s'agit d'un amour – désir orienté vers un bien qui est ici la sagesse. Voilà pourquoi « la philosophie demeure chez Socrate la recherche et la poursuite de la sagesse »[18]. Ainsi Joseph VIALATOUX a raison de dire que « la philosophie se présente sous le signe d'une intention et d'un effort de l'homme vers la sagesse »[19]. La question est de savoir ce qu'est la sagesse et si l'on peut la posséder. Mais sachons que le philosophe doit vieillir en apprenant.

Il semble que Pythagore avait refusé d'être appelé **sage** et il se considérait comme **philosophe**, c'est-à-dire amoureux de la sagesse[20]. Ainsi sachant que Dieu seul est sage (car il connaît tout et ne se trompe jamais), il donnait la parabole dite de "la panégyrie" ou parabole du panégyriste : « La vie humaine [est] semblable à cette assemblée où étaient organisés les jeux que fréquentait la Grèce entière ; là, les uns ayant exercé leur corps venaient chercher la gloire et l'illustration d'une couronne ; d'autres, venus pour acheter ou pour vendre, y étaient conduits par l'appât du gain ; mais il y avait une sorte de visiteurs (et même particulièrement distingués) qui ne cherchaient ni les applaudissements ni le gain, mais qui venaient pour voir et examinaient avec grand soin ce qui avait lieu et comment les choses se passaient. De même que tous ceux-là sont partis de leur ville pour la célébration des jeux, de même les hommes venus à cette vie humaine en quittant une autre vie [croyance en la réincarnation] et une autre nature, sont les uns esclaves de la gloire, les autres, de l'argent ; mais il en est de bien rares qui, comptant pour rien tout le reste, observent avec soin la nature, ce sont eux qu'on appelle amis de la sagesse, c'est-à-dire philosophes ; et de même que, à l'assemblée des jeux, l'attitude la plus digne d'un homme libre est de regarder, sans rien gagner, de même dans la vie, la contemplation et la connaissance des choses l'emportent de beaucoup sur tous les autres travaux »[21].

---

[18] PLATON, *Phèdre, 278d*

[19] J. VIALATOU, *L'intention philosophique*, Paris, PUF, 1952, p.

[20] Cf. G. MORRA, *Filosofia per tutti*, Brescia, La Scuola, 1974, p.17.

[21] CICERON, *Tusculanes V 3, 8-9*, cité dans « Introduction à l'étude de la philosophie » [en ligne] *http://www.dogmatique.net/Poly%20%Introduction%20E0%20la%20Philosophie.pdf*(page consultée le 28/10/2013)   *et* Cf. L. COULOUBARITSIS, *Aux origines de la philosophie européenne*, Bruxelles, Boeck, 1994. Cicéron faisait déjà remarquer que bien que le mot ou

Toutefois, Jean KINYONGO Jeki rattache plus le mot philosophie non pas à Pythagore, mais à Homère, Hésiode et Hérodote. Il écrit: « Il ne semble pas, dis-je, que l'on trouve chez lui [Pythagore], à ce niveau, une appréhension de la philosophie au sens strict. C'est plutôt et en réalité avec l'avènement de Platon et d'Aristote préparé par le phénomène de la "Sophistique" que le terme vint à désigner une activité théorique systématique... »[22]. Nous voulons plus suivre Cicéron que Kinyongo. Mais Louis Althusser I et II est de l' avis de Kinyongo : « Pour que la philosophie naisse ou renaisse, il faut que des sciences soient. C'est peut-être pourquoi la philosophie au sens strict n'a commencé qu'avec Platon, provoquée par la mathématique grecque »[23]. Il est revenu sur cette idée : « Néanmoins, je soutiens que la philosophie se constitue comme telle, en un sens rigoureux, quand se constitue la première science : les mathématiques »[24]. Y a-t-il réellement une philosophie au **sens strict** comme le prétend Kinyongo ? Où se trouve la philosophie au sens strict ? Autant de philosophes, autant de philosophies, puis-je le dire. « A chaque philosophe, sa conception et sa pratique de la philosophie, en fonction de ses exigences et de son objectif »[25], renchérit Séverine Kodjo-Grandvaux

Cependant je dois signaler que si le mot philosophie, de par son étymologie, vient du grec, l'on ne doit pas perdre de vue que ce soit Thalès ou Pythagore comme inventeur du mot, les deux ont été des étudiants étrangers en Egypte. Qu'est-ce qui m'empêcherait de les soupçonner d'avoir textuellement traduit les mots égyptiens en un mot composé grec ? Selon Joseph MABIKA[26] à la suite de BILOLO Mubabinge, dans l'antiquité négro-égyptienne le mot philosophie est

---

nom philosophie soit relativement récent, la chose ou l'activité désignée par ce nom est fort ancienne (Cf. *Ibidem.*)

[22] J. KINYONGO, *Épiphanies de la philosophie africaine et afro-américaine : esquisse historique du débat sur leur existence et leur essence,* Munich-Kinshasa-Lubumbashi, 1989, p.19 et 23. Cette idée est aussi défendue par Pierre HADOT (*Qu'est-ce que la philosophie antique ?* Paris, Gallimard, 1995, p.33 et suivant.). Dans son récent livre -*Initiation historique à la philosophie*, Kinshasa, Ed. René Descartes, 2018, Kinyongo ne semble avoir renoncé à cette position même si Jacqueline RUSS l'a séduit sur les prises de positions tranchées sur la nature et l'origine exclusive grecque de la philosophie en optant pour une « « image plurielle, décentrée, multiculturelle » de l'aventure philosophique dès son origine » (p.14). J. Kinyongo fut le premier à m'introduire dans le village philosophique par son Cours d'introduction à la philosophie.

[23] L. ALTHUSSER cité par DIENG Amady Aly, *Hegel et l'Afrique noire. Hegel était-il raciste ?*, Dakar, CODESRIA, 2006, p.13.

[24] L. ALTHUSSER, *Sur la philosophie*, Paris, Gallimard, 1994, p.49.

[25]S. KODJO-GRANDVAUX, *Philosophies africaines,* Paris, Présence Africaine, 2013, p. 256.

[26] Cf. J. MABIKA Nkata, *La mystification fondamentale.1. Merut Ne Maât. Aux sources négrides de la philosophie*, Lubumbashi, 2000.

Merut Ne Mâat (amour de la science, amour de la justice, amour de la vérité, amour de la sagesse…). Pour Bilolo, « du point de vue africain, la philosophie est *mrwt-n-m3ct* [merut-ne-mâat] « l'amour de la vérité » ; vérité prise au sens de ce qui est vrai, de la connaissance, de la justice, de la solidarité, de la rectitude, de l'ordre et de la balance »[27].

Que dire de son origine ?

1.2. SON ORIGINE [28]

Des voix discordantes s'élèvent pour se disputer sur l'origine de la philosophie. De quel **lieu** proviennent ces voix ? **Qui** parle ? **Pourquoi** en parle-t-on ? **A qui** s'adressent ces voix ? A dire vrai, cette discussion a un sous-bassement idéologique et non scientifique. Je voudrais faire entendre ma voix, et j'espère qu'elle sera entendue, afin que les eurocentristes et les afrocentristes reviennent à la raison- et pourtant les deux affirment qu'ils argumentent raisonnablement. Je retiens de Louis Althusser, en dernière analyse, que chacun de nous parle à partir d'un lieu théorique et pratique donné.

1.2.1. Pour l'Eurocentrisme

Plusieurs philosophes disent à qui veut les entendre que la philosophie est non seulement d'origine grecque mais qu'elle est aussi d'essence grecque. Pour **Jacques Maritain**, « la Grèce est le seul point du monde antique où la sagesse de l'homme ait trouvé sa voie, et où, par effet d'un heureux équilibre des forces de l'âme, et d'un long travail pour acquérir la mesure et la discipline de l'esprit, la raison humaine soit parvenue à l'âge de sa force et de sa maturité. Aussi bien le petit peuple grec apparaît-il, à cause de cela, parmi les grands Empires de l'Orient, comme un homme au milieu des géants enfants ; et peut-on dire de lui qu'il est à la raison, et au verbe de l'homme, ce que le peuple juif est à la Révélation, et à parole de Dieu. C'est en Grèce *seulement* [c'est moi qui souligne] que la philosophie

---

[27] BILOLO Mubabinge,   cité par SOMET Yoporeka, *L'Afrique dans la philosophie. Introduction à la philosophie africaine pharaonique*, Gif-sur-Yvette, Khepera, 2005, p.48.
[28] Pour cette section, je reprends textuellement ce que j'en dis dans le livre *L'Homocentrisme par-delà l'eurocentrisme et l'afrocentrisme : débat sur l'origine de la philosophie*, Paris, Edilivre, 2018, p.21-44.

acquit une existence autonome en se ***distinguant explicitement de la religion »***[29]. **Louis De Raeymaeker** emboîta les pas de Jacques Maritain en écrivant noir sur blanc que « *le peuple grec fut le peuple élu de la raison »*[30] comme le peuple juif fut le peuple élu de Dieu. **Bernard Stevens** soutient la même idée et pour bien argumenter, il fait appel à **Martin Heidegger** pour qui « le mot "philosophia" nous dit que la philosophie est quelque chose qui d'abord et avant tout, détermine l'existence du monde grec. Il y a plus – la "philosophia" détermine aussi en son fond le cours le plus intérieur de notre histoire occidentale – européenne (...). L'affirmation : la philosophie est grecque dans son être propre ne dit rien d'autre que: l'Occident et l'Europe sont, et eux seuls, sont, dans ce qu'a de plus intérieur leur marche historique, originellement "philosophique". C'est ce qu'attestent la naissance et la domination des sciences (...). Le mot "philosophia" coïncide pour ainsi dire avec l'acte de naissance de notre propre histoire ; nous pouvons aller jusqu'à dire : avec l'acte de naissance de l'époque présente, de l'histoire universelle qui se nomme ère atomique"[31]. Quatre ans après[32], Stevens reviendra à la même déclaration. Pour lui, le premier âge axial sera celui de la philosophie avant la philosophie. En d'autres mots, la Chine, l'Inde, le Moyen-Orient n'ont pas de philosophie. L'Égypte ne figure pas sur la liste[33]. (Est-ce par oubli volontaire pour

---

[29] J. MARITAIN, *Eléments de philosophie*, Paris, Pierre Téqui, 1921, p. 21.

[30] L. DE RAEYMAEKER, *Introduction à la philosophie*, Louvain/Paris, Publications universitaires de Louvain, 1956, p. 14. Prosper ISIAKA LALEYE, africain soit-il, est de cet avis quand il affirme que « l'application de l'épithète *philosophie* à toutes autres formes de pensée en pratique chez tout peuple autre que le peuple grec, reste une application analogique », et pour lui les Grecs ont inventé la *chose* qu'on nomme philosophie *(*« La philosophie, pourquoi en Afrique? » dans *C.P.A. 3-4* (1973), p. 90-92). Il oublie que si *le mot* philosophie est d'origine grecque, *l'activité philosophique* (la chose) est propre à tout être humain. A ce propos, ABDOULAYE Bah a des mots justes : « …la philosophie, âme qui vibre dans les contours culturels des peuples, n'a pas attendu le vocable philosophie pour commencer à exister » (ABDOULAYE Bah, *Le problème de la philosophie africaine,* Coordination Nationale de la Formation Continuée du Moyen et du Secondaire /philosophie/Documents de formation de 2004, p.10). Roger CARATINI, tout en reconnaissant que "la philosophie n'est pas sortie, toute armée, du cerveau de Thalès ou de Pythagore" et tout en écrivant que "la philosophie grecque a des racines proches orientales (notamment sumérienne)", finit par dire : « Quoi qu'il en soit de ces racines, une chose est certaine : la première École de philosophie a été fondée vers la fin du VIIème siècle av. J.C., à Milet, en Asie Mineure, par un personnage nommé Thalès de Milet. Tels sont le lieu et la date (...) de naissance de ce qu'on appelle la philosophie classique" .*Vent de philo sur les chemins de la philosophie...* Paris, p.23-24.

[31] M. HEIDEGGER, *Questions II,* cité par B. STEVENS, *Cours d'initiation à la philosophie,* Louvain-La -Neuve, CIACO, 1986, p. 9.

[32] Cf. B. STEVENS, *Une introduction historique à la philosophie. Tome 1 Des origines à Hegel*, Louvain-la-Neuve, Michel Lafon, 1990.

[33] En 2010, dans sa préface du livre d'OKOLO OKONDA, *Hegel et l'Afrique. Thèses, critiques et dépassements*, Argenteuil, Le Cercle herméneutique Éditeur, 2010, Bernard Stevens, égal à lui-même, affirme que c'est grâce au contact avec les européens que la philosophie est née en

ne pas se frotter aux Égyptologues dont Cheik Anta Diop ?). **François Chatelet** est de cet avis : « Je crois, affirme-t-il, qu'on peut parler d'une invention de la raison »[34] et il poursuit sans se gêner : « La philosophie parle grec. On a eu raison de le redire après Heidegger »[35]. **Edmund Husserl** n'est pas du reste : « L'irruption de la philosophie est le phénomène originel qui caractérise l'Europe au point de vue spirituel »[36]. Chez Hegel, cela va de soi[37]. **Louis Althusser** a aussi repris le thème de l'origine grecque de la philosophie et fait de Platon le père de la philosophie : « Je crois pertinent de commencer ma réponse par *la conception qui est la mienne de la « philosophie », de son apparition et de sa fonction*. Nous pouvons dire *qu'historiquement la philosophie est née de la religion*, dont elle a hérité des questions remarquables, qui se convertiront ensuite en grands thèmes philosophiques, encore qu'avec des approches et des réponses différentes : celles par exemple de l'origine, de la fin ou du destin de l'homme, de l'histoire et du monde. Néanmoins, *je soutiens* que la philosophie se constitue comme telle, en un sens rigoureux, quand se constitue la première science : les mathématiques »[38].

Quand **Léopold Senghor** parle de l'émotion qui est nègre et de la raison qui est hellène, il s'inscrit sur la liste de ceux qui pensent que la philosophie est née en Grèce. **E. Njoh-Mouelle** n'est pas du reste. Pour lui, ce qui a pris « le nom de philosophie, possède un état civil. En effet, martèle-t-il , c'est à Millet, en Asie Mineure, au bord de la Mer Egée, au début du Vie siècle avant l'ère chrétienne, que des hommes comme Thalès, Anaximandre, Anaximène et bien d'autres encore, prirent l'habitude de se réunir pour chercher ensemble la connaissance »[39]. Est-ce lui qui s'exprima ainsi en 1996 ? N'a-t-il pas rebroussé chemin en suivant le conseil de Kant ? Qu'il me réponde et je le laisserais tranquille.

Tous ces philosophes et tant d'autres qui parlent pour l'origine grecque de la philosophie sont des défenseurs de ce qu'on appelle le **MIRACLE GREC**, si

---

Afrique. Nous lui avons répondu par un écrit, *Pour la philosophie africaine,* Lubumbashi, Ed. Mpala, 2013, livre publié aussi à Paris aux éditions Edilivre en 2015.

[34] F. CHATELET, *Une histoire de la raison. Entretiens avec Émile,* cité dans la note de bas de page 20 de SOMET Yoporeka ,*Op.cit.*, p.27.

[35]*Ibidem*, p.28.

[36] E. HUSSERL, *La crise de l'humanité européenne et la philosophie,* cité par SOMET Yoporeka , *Op. cit.*, p.29.

[37] Cf. L. MPALA Mbabula, *Hegel et Marx face au sens de l'histoire. Regard critique sur la philosophie de l'histoire*, Paris, Edilivre, 2017.

[38]L. ALTHUSSER, *Sur la philosophie,* p.49. Je souligne ;

[39] E. NJOH-MOUELLE, *La philosophie est-elle inutile ?* Conférence donnée le 9 mai 1996 à l'Institut Catholique de Yaoundé. Les philosophes africains, défenseurs du miracle grec sont nombreux.

miracle il y a. L'expression « **miracle grec** » vient d'**Ernest Renan** qui, émerveillé par la beauté de l'Acropole d'Athènes, s'exclama : « Depuis longtemps, je ne croyais plus au miracle, dans le sens propre du mot ; cependant, la destinée unique du peuple juif, aboutissant à Jésus et au christianisme, m'apparaissait comme quelque chose de tout à fait à part. Or voici qu'à côté du miracle juif venait se placer pour moi le **miracle grec**, une chose qui n'a jamais existé qu'une fois, qui ne s'était jamais vue, qui ne se reverra plus mais dont l'effet durera éternellement, je veux dire un type de beauté éternelle, sans une tâche locale ou nationale. Je savais bien, avant mon voyage, que la Grèce avait créé la science, l'art, la philosophie, la civilisation ; mais l'échelle me manquait »[40].

Les défenseurs du miracle grec ne veulent pas accepter le fait qu'en allant en Egypte, les Thalès de Milet (premier philosophe occidental d'après Aristote et Théophraste), les Pythagore, les Solon, les Platon, les Zénon le Stoïcien, les Démocrite..., sont allés non seulement apprendre la géométrie, les mathématiques, les mystères, mais aussi la philosophie. **Charles WERNER**, même s'il ne veut pas que la philosophie grecque soit fille de l'Egypte, ne se prononce pas sur "la toux" de son maître **John BURNET** pour qui « ce ne peut pas être par un simple accident que la philosophie prit naissance en Ionie juste au moment où les relations avec ces deux pays (Egypte et Babylone) étaient les plus faciles, et il est significatif que l'homme (Thalès de Milet) même qui, à ce que l'on dit, introduisit d'Egypte la géométrie, est aussi regardé comme le premier des philosophes »[41]. En lisant entre les lignes, il y a de quoi supposer que Burnet écrit une chose et dans son cœur se trouve une autre chose, à savoir l'origine égyptienne de la philosophie grecque. **Léon ROBIN**, loué par **Paul-Bernard GRENET**, tout en reconnaissant ce que les savants grecs doivent à l'Orient, l'Egypte comprise, semble réserver l'explication rationnelle aux grecs, et ce jugement provient, en dernière instance, de **PLATON** qui laisse entendre que les égyptiens étaient un peuple pratique, **avide de gain** plutôt que philosophe. Cette caractéristique est propre à l'esprit grec, **avide de savoir**[42]. Si réellement il en est ainsi, qu'est-ce que Platon a suivi en Egypte ?

De tous les philosophes précités défendant le miracle grec se profile un certain "**eurocentrisme**" qui voudrait que l'on juge les autres avec les jeux

---

[40] E. RENAN, *Prière sur l'Acropole,* cité par SOMET Yoporeka, *Op. cit.*, p.35. Je souligne.

[41] J. BURNET, *L'aurore de la philosophie grecque*, Paris, Payot, 1970, p.22.

[42] Cf. PLATON, *République, 435è* et Cf. C. WERNER, *La philosophie grecque*, Paris, Payot, 1972, p. 13.

européens et qui, d'une façon subtile, voudrait que tout ce qui est bon ne vienne que de l'Occident. Voilà qui légitima, entre autres, l'idéologie de la mission civilisatrice, leitmotiv hypocrite de la colonisation.

Dieu merci, il y a certains occidentaux qui n'empruntent pas ce chemin, et un certain **Paul MASSON-OURSEL** est allé à contre-courant en faisant voir que « l'homme égyptien ne pouvait se réaliser faber (= avide de gain, pratique) sans s'avérer sapiens (avide de savoir) »[43]. **Régis JOLIVET,** voyant que les arguments de Paul Masson-Oursel étaient bien fondés, reconnut à la Chine, à l'Inde, une philosophie orientée vers la morale[44]. Ainsi il se démarquait de J. Maritain dont il utilisait le livre. Je rappelle que la première édition du livre de Paul Masson-Oursel est de 1938. A ce propos, Somet Yoporeka nous apprend que « dans les éditions actuelles du livre de Bréhier, on peut constater que le « *Fascicule* » de Masson-Oursel a purement et simplement disparu »[45]. Quelle malhonnêteté intellectuelle !

Cette position eurocentriste n'a pas laissé indifférents certains philosophes africains et ces derniers sont allés en guerre contre cette origine européenne de la philosophie.

1.2.2. Pour l'Afrocentrisme

L'**Afrocentrisme** est soutenu surtout par les philosophes africains faisant partie du courant de l'égyptologie et dont **Cheikh Anta DIOP** est le chef de file. Pour eux, la philosophie est d'**origine égyptienne.** Défenseur de l'Afrique, **Cheikh Anta DIOP** est mort comme un martyr de la cause africaine. La synthèse de ses idées est dans un livre incontournable[46]. Son disciple **Théophile Obenga** résume ses acquis majeurs : « (…)-démontage et destruction du rideau de fer ethnographique, c'est-à-dire des fausses barrières africanistes qui séparaient dogmatiquement les « tribus nègres » entre elles : c'est toute la dynamique du concept historiographique de l'unité culturelle de l'Afrique noire ; -restauration du sentiment de la continuité historique des peuples africains, de la haute antiquité à

---

[43] P. MASSON-OURSEL, *La philosophie en Orient,* dans E. BREHIER, *Histoire de la philosophie*, Paris, PUF, 1969, p. 28.
[44] Cf. R. JOLIVET, *Traité de philosophie. I. Introduction générale, logique, cosmologie,* Paris/Lyon, Emmanuel VITTE, 1945, p. 7 note infrapaginale n° 1.
[45] SOMET Yoporeka , *Op. cit.*, p.35.
[46] DIOP Cheikh Anta, *Civilisation ou barbarie. Anthropologie sans complaisance,* Paris, Présence Africaine, 1981.

nos jours, c'est-à-dire que l'histoire des peuples africains n'est plus quelque chose d'exclusivement guidé par le fortuit, l'accidentel, le contingent, le caprice , le pur hasard ; -l'élaboration du concept de « conscience historique africaine », chose purement impensable pour l'africanisme ancien et moderne : il s'agit de la confiance en soi, face à l'histoire qui a été, qui est et qui sera, selon la propre volonté africaine ; (-)-émergence de l'historiographie africaine qui ne soit pas un travail répétitif de l'historiographie occidentale (hégélienne), en vue d'une historiographie mondiale moins eurocentriste, biaisée, travestie, partisane ; (-) »[47]. **Théophile Obenga**, à la suite de son maître **Cheikh Anta Diop,** est d'une culture pluridisciplinaire, car il en avait besoin pour bien s'armer à livrer la bataille contre l'eurocentrisme et son livre fondamental[48] « nous donne tous les détails de la métaphysique et de la théologie égyptienne, ainsi que du système politique de l'époque, en dévoilant la filiation fondatrice par rapport à la philosophie grecque »[49]. **Molefi Kete Asante**, inventeur du concept **afrocentricité** visant « à replacer l'intérêt de l'Afrique au cœur de nos préoccupations »[50] , peut être compté par les défenseurs de l'afrocentricisme et il considère **Cheikh Anta Diop** comme un afrocentriste par excellence, « à jamais la norme par rapport à laquelle les savants africains seront évalués »[51]. **Jean-Philippe Omotunde** vante l'Égypte ancienne et a rassemblé « les principales thèses jadis avancées par la science occidentale, thèses dont il fait principalement l'origine de l'égyptologie »[52]. **Somet Yoporeka** est aussi un défenseur farouche de l'Afrocentrisme. A la suite de ses maîtres Cheikh Anta Diop et Théophile Obenga, il dit, à qui veut l'entendre, que la philosophie est d'origine égyptienne. Fort de sa formation pluridisciplinaire comme ses maîtres et égyptologue par surcroît, Somet cherche à démontrer que : Thalès de Milet qui n'est pas grec[53] a étudié en Égypte et l'eau comme élément premier qu'il postule est une version du **Noun égyptien**[54] ; Pythagore de Samos a étudié en Égypte et sa philosophie est tributaire de la philosophie égyptienne ; Xénophane de Colophon postule l'existence d'un dieu suprême, « infini et immatériel, [qui] n'a ni génération, ni conception, ni changement, ni devenir

---

[47] T. OBENGA, cité par H. MONO Ndjana, *Histoire de la philosophie africaine*, Paris, L'Harmattan, 2009, p.222. Je saute d'autres acquis.
[48] Cf. T. OBENGA, *La philosophie africaine de la période pharaonique, 2780-330 avant notre ère*, Paris, L'Harmattan, 1990.
[49] H. MONO Ndjana, *Op. cit.*, p.224.
[50] *Ibidem*, p.229.
[51] *Ibidem*, p.231.
[52] *Ibidem*, p.233.
[53] Cf. SOMET Yoporeka, *Op. cit.*, p.38.
[54] Cf. *Ibidem*, p.42.

(…)[qui] n'est autre que **Rê** »[55] ; Anaxagore de Clazomènes enseigne qu'à l'origine du monde, « il y a un mélange total, un chaos indéterminé (que les Égyptiens appelaient **Noun**) auquel une force intelligente et ordonnatrice impulse du mouvement en vue de séparer les petites particules de matière (…). Cette force intelligente, appelée le Noûs par Anaxagore, et qui sera le *logos* des Grecs, la *Raison* ou l'*esprit absolu* de Hegel n'est qu'une variante du **ka** égyptien. De même, sa théorie du mouvement et du changement trouve sa source dans le **kheper** égyptien »[56] ;Héraclite d'Ephèse a emprunté « non seulement son mobilisme (**pantarhei**) au **kheper** égyptien, mais aussi sa théorie de l'opposition des contraires à la lutte de Rê contre le serpent Apopi, d'Horus contre Seth (…). Enfin le **logos** héraclitéen ou encore le *Verbe* créateur de la Bible (…) est une variante du **Ka** égyptien »[57] ; Démocrite d'Abdère a séjourné 5 ans en Égypte et sa thèse du non-être à côté de l'être, celle affirmant à la fois « l'existence de la matière et du vide [fait penser au] verbe égyptien « *Tm* »[*Tèm*] qui signifie à la fois « *ne pas être* » et « *être complet* » »[58] ; Platon d'Athènes a vécu 13 ans en Égypte et « sur 28 de ses dialogues qui nous sont aujourd'hui connus, 12 évoquent directement l'Égypte. Il en est ainsi pour le *Timée,* le *Critias,* le *Phèdre,* le *Philèbe,* le *Gorgias*, l'*Euthydème,* le *Phédon,* le *Mènexème,* la *République,* le *Politique,* les *Lois* »[59] ; Aristote de Stagire, selon une étude serrée des textes grecs faite par Théophile Obenga, a « effectivement visité l'Égypte »[60].**Grégoire Biyogo** prend l'Egypte pour le berceau de la philosophie[61] tout en distinguant l'origine et le commencement de la philosophie.

Tout en reconnaissant la dette des philosophes grecs à l'égard de l'Égypte, cela suffit-il pour affirmer qu'ils étaient des cancres scientifiques et des simples répétiteurs de leurs maîtres égyptiens ? Ne peut-on pas soutenir avec Clémence Ramnoux que **se définir en s'opposant est la loi du développement de la Philosophie ?**[62]

---

[55]*Ibidem*, p.44.
[56]*Ibidem*, p.44.
[57]*Ibidem*, p.45.
[58]*Ibidem*, p.45.
[59]*Ibidem*, p.45.
[60]*Ibidem*, p.46.
[61] Cf. G. BIYOGO, *Histoire de la philosophie africaine,* Livre I *Le berceau égyptien de la philosophie*, Paris, L'Harmattan, 2006.
[62] Cf. C. RAMNOUX, « Ioniens » dans *Dictionnaire des philosophes*, Paris, 1998, p.775. IDEM, « Les Présocratiques », dans B. PARRAIN, (dir), *Encyclopédie de la Pléiade. Histoire de la philosophie. I. Orient –Antiquité –Moyen âge.* Paris, Gallimard, 1969, pp. 405 –448

Somet Yoporeka a encore donné un autre argument pour appuyer sa thèse afrocentriste selon laquelle si la philosophie était d'origine grecque, les Grecs ne réserveraient pas aux philosophes un sort malheureux, celui d'exil ou de mort : « Si, comme on l'affirme une tradition somme toute récente, la Grèce est le foyer d'origine de la philosophie, comment rendre compte dès lors du sort peu enviable réservé au philosophe à Athènes, au cœur même de la cité grecque ? Comment expliquer que le berceau de la philosophie soit à ce point inhospitalier et hostile à l'égard de ses propres rejetons ? En effet, les tout premiers philosophes ont reçu à Athènes un accueil contrasté, voire hostile, comme en témoignent les exemples (…) [d'] Anaxagore…poursuivi pour impiété [, de] Diagoras de Mélos [accusé] d'avoir « *ridiculisé les mystères* » [, de] Protagoras d'Abdère obligé lui aussi de fuir Athènes à causes des troubles provoqués par son enseignement (…)[, de] Socrate accusé dans les mêmes conditions d'avoir « *perverti la jeunesse et introduit de nouvelles divinités dans la cité* » (…)[, de] Platon [qui a dû] fuir Athènes pour se réfugier à Mégare (…)[et enfin d'] Aristote [qui a dû] fuir Athènes pour se réfugier à Chalcis, afin, dira-t-il, de « *ne pas laisser commettre un second attentat contre la philosophie* » »[63]. Le fragment 121 d'Héraclite d'Éphèse peut battre en brèche cet argument du triste sort réservé aux philosophes à Athènes, car les Éphésiens se sont une fois comportés comme les Athéniens : « Les Éphésiens adultes méritent la mort ; leurs enfants méritent tous d'être expulsés de la cité, puisqu'ils ont chassé Hermadore, le meilleur d'entre eux, en disant : « Qu'aucun d'entre nous ne soit le meilleur ; s'il y en a un, qu'il aille vivre ailleurs et avec d'autres »[64].

Citons aussi les Congolais **BILOLO Mubabinge** et **Joseph MABIKA Nkata** parmi les hérauts de l'origine égyptienne ou mieux de l'origine africaine de la philosophie. Les défenseurs de cette « école » luttent pour le **miracle égyptien.** Voilà une autre dérive. **Claude Summer**[65] pointera l'Éthiopie comme l'origine de la philosophie. Nous sommes toujours dans l'Afrocentrisme.

---

[63] SOMET Yoporeka , *Op. cit.*, p.40-41.
[64] Cf. J. VOILQUIN, *Les penseurs grecs avant Socrate. De Thalès de Millet à Prodicos*, Paris, Garnier Frères, 1964,fr 121.
[65] Cf. C. SUMMER, *Aux sources éthiopiennes de la philosophie africaine*, Kinshasa, Fac. Théol. Cath, 1988.

1.2.3. Par-delà l'Eurocentrisme et l'Afrocentrisme il y a l'Homocentrisme

Platon disait que « la philosophie existe parce que l'homme existe».

Refuser aux autres peuples de la planète terre l'usage de la raison est un mépris envers les autres races (et pourtant, il n' y a qu'une seule race, la race humaine) et cela relève de la petitesse d'esprit, car le grand rationaliste occidental, **R. Descartes**, affirme que « le bon sens est la chose du monde la mieux partagée : car chacun pense en être si bien pourvu que ceux mêmes qui sont les plus difficiles en toute autre chose, n'ont point coutume d'en désirer plus qu'ils en ont. En quoi il n'est pas vraisemblable que tous se trompent ; mais plutôt cela témoigne que la puissance de bien juger, et distinguer le vrai d'avec le faux, qui est proprement ce qu'on nomme le bon sens ou la raison, est naturellement égale en tous les hommes ; et ainsi que la diversité de nos opinions ne vient pas de ce que les uns sont plus raisonnables que les autres, *mais seulement de ce que nous conduisons nos pensées par diverses voies, et ne considérons pas les mêmes choses ...»*[66]. **Antonio Gramsci** renchérit en ces termes : « Non si puo pensare nesun uomo che non sia anche filosofo, che non pensi, appunto perché il pensare è proprio dell'uomo come tale (ameno che non sia patologicamente idiota)=*on ne peut pas penser qu'aucun homme ne soit philosophe, qui ne pense, surtout parce que le fait de penser est propre à l'homme comme tel (à moins qu'il ne soit pathologiquement idiot).»*[67] André Comte-Sponville est, à ce propos, plus explicite : « *Que la philosophie soit exclusivement occidentale, comme le prétendent certains, c'est bien sûr une sottise. La raison, l'expérience et la liberté de l'esprit ne sont le bien exclusif d'aucun peuple, pas plus que le goût de la vérité ou du bonheur. Pourquoi la philosophie le serait-elle ? »*[68]

Séverine Kodjo-Grandvaux pense que « de la même manière qu'il ne saurait y avoir de naissance, d'apparition datée de la Raison, il ne peut y avoir de propriétaire privilégié de cette dernière : elle est cette faculté inaliénable propre à tout Homme. Elle est ce qui appartient à l'Homme et le constitue en tant que tel. Supposer que certains en seraient les heureux dépositaires, c'est présumer qu'ils seraient plus humains que d'autres. Au fil des siècles, l'activité philosophique a

---

[66] DESCARTES, *Discours de la méthode* suivi des *Méditions*, Paris, Union Générale Edition, 1962, p.9. Je souligne.

[67] A. GRAMSCI, *Il materialismo storico e la filosofia di Benedetto Croce,* Torino, Instituto Gramsci, 1979, p.29.

[68] A. COMTE-SPONVILLE, *Op. cit.,* p.30.

revêtu des *formes* particulières. Le discours philosophique tel qu'il est pratiqué en Occident [par certains de ses fils et leurs épigones africains] n'est pas assimilable à l'essence de la philosophie, mais est le résultat d'un processus historique et culturel »[69].

En outre, nous rappelle Séverine Kodjo-Grandvaux, « les Africains n'ont pas attendu l'arrivée du missionnaire belge Placide Tempels pour philosopher »[70].

Placide TEMPELS, avec *La philosophie bantu*, a relativisé l'origine grecque de la philosophie. Il avait raison[71] et le **second Hountondji** ne se trompe

---

[69]S. KODJO-GRANDVAUX, *Op.cit.,*p.15-16.

[70]*Ibidem,* p.258,

[71] Disciple des défenseurs de l'origine grecque de la philosophie, le premier Hountondji, celui de l'*Histoire d'un mythe* (dans *Présence africaine 91*, 1974, p.3-13), crible des coups P. Tempels qui, « en apparence … s'inspire d'une profonde générosité, puisque son intention déclarée est de réfuter une certaine idée du 'primitif' répandue par Lévy-Bruhl et son école » (*Ibidem,* p.7) alors qu'en réalité son livre était destiné aux européens appelés à diriger et à juger les Noirs. Le premier Hountondji parle du « mythe de la 'philosophie africaine' [dont] le succès (…) ne s'est sans doute pas un hasard. Il est dû au fait qu'il remplit une fonction idéologique bien précise qui est de satisfaire à peu de frais l'exigence des Africains pour le respect de leur civilisation et de leur dignité d'hommes. Satisfaire à peu de frais cette exigence, c'était ici, donner aux Africains ou entretenir chez eux l'illusion de posséder déjà une philosophie et de n'avoir plus rien à faire, sur le plan théorique, que d'exhumer avec vénération la pensée de leurs ancêtres, la vision du monde collective de leurs peuples » (*Ibidem,* p.3-4). Le second Hountondji, celui de *L'Effet Tempels* (dans *Encyclopédie philosophique universelle,* I : *L'univers philosophique,* deuxième édition, Paris, P.U.F., 1991, p.1472-1480) , est redevenu réaliste après avoir mis un peu d'eau dans son verre de vin philosophique et ce suite à des critiques et remarques fusant de partout dont celles de Niamkey Koffi et de ses épigones (cf. NIAMKEY Koffi, *L'impensé de Towa et de Hountondji,* dans Séminaire d'Addis-Abeba, 1-3 décembre 1976 et Olabiyi Babalola YAI, *Théorie et pratique en philosophie africaine : misère de la philosophie spéculative (critique de P. Hountondji, M. Towa et autres),* dans *Présence africaine 108,* 1978, p.65-91. Ainsi écrira-t-il : « Le contenu du livre, par ailleurs, répond en quelque manière à la promesse du titre : la référence à la philosophie n'est plus simplement allusive, puisqu'elle ne se contente pas de renvoyer, comme chez Dennett, à une profondeur soupçonnée plutôt que constatée, elle n'est pas non plus métonymique, ne désignant pas simplement, comme chez Radin, la nature supposée d'une activité intellectuelle dont on ne s'intéresserait qu'aux producteurs sociaux ; ce qui est donné dans *La philosophie bantoue,* c'est un enchaînement d'idées visant à une systématicité déductive, un corpus de notions et de thèses prétendant à une rigoureuse cohérence. Du même coup devenait possible l'idée qu'on n'a pas seulement affaire ici à une 'philosophie' au sens le plus étroit. La comparaison devenait possible avec la philosophie européenne, une comparaison vouée, dès le départ, à montrer à la fois l'identité générique et les différences spécifiques des deux formes de pensée, tâche que Tempels exécute, ici encore, avec un simplisme génial, en ramenant ces différences à l'opposition, terme pour terme, entre deux formes d'ontologie, fondées respectivement sur une notion statique et une notion dynamique de l'être » (*Ibidem,* p.1478).

pas quand il affirme que ce petit livre est « le référent absolu »[72] dans l'histoire de la recherche de la philosophie africaine. Le philosophe Kaumba Lufunda fait remarquer que le R.P. Placide Tempels a fait « éclater les prétentions universalistes de la version occidentale de la philosophie. Il affirmait sans ambages l'existence d'une philosophie bantu. Ce faisant, l'universalité du concept de philosophie et sa réalisation plurielle à travers les mille et unes (sic) cultures, les mille et une histoires des mille et une civilisations »[73].

Mais, à mon humble avis, je pense **que la philosophie naît là où il y a des hommes.** Je prône l'**Homocentrisme**. Qu'est-ce à dire ? Cela veut dire qu' « un simple regard sur l'histoire ancienne montre d'ailleurs clairement qu'en diverses parties de la terre, marquées par des cultures différentes, naissent en même temps les questions de fond qui caractérisent le parcours de l'existence humaine: *qui suis-je ? D'où viens-je ? Pourquoi la présence du mal ? Qu'y aura-t-il après cette vie ?* (...). Ces questions ont une source commune : la quête de sens qui depuis toujours est présente dans le cœur de l'homme, car de la réponse à ces questions dépend l'orientation à donner à l'existence »[74]. Cette citation nous montre que chaque homme est à la quête de sens, et cela n'est pas l'unique privilège d'un grec ou d'un égyptien. En d'autres mots, la philosophie vient du cœur de l'homme et « s'est développée au moment où l'homme a commencé à s'interroger sur le pourquoi des choses et sur leur fin. Sous de modes et des formes différentes, elle montre que le désir de vérité fait partie de la nature même de l'homme, c'est une propriété innée de sa raison que de s'interroger sur le pourquoi des choses, même si les réponses données peu à peu s'inscrivent dans une perspective qui met en évidence la complémentarité des différentes cultures dans lesquelles vit l'homme »[75]. **Mikel DUFRENNE** ne dit pas le contraire quand il affirme que « la philosophie commence lorsqu'on s'interroge sur le sens du monde ou de l'histoire »[76]. De ce fait, aucun peuple ne peut se dire qu'il est unique à pouvoir se poser clairement la question du pourquoi des choses, du sens du monde et de l'histoire et à pouvoir y répondre clairement et distinctement. Chaque peuple

---

[72]   P. HOUNTONDJI, *L'Effet Tempels,* dans *Encyclopédie philosophique universelle,* I : *L'univers philosophique,* deuxième édition, Paris, PUF, 1991, p.1475.
[73]   KAUMBA Lufunda, *Existe-t-il une philosophie africaine ?* Communication au colloque international de Barcelone organisé sur le thème « *Religion, philosophie et tradition de l'Afrique : entre Dieu, le concept et l'être humain* » par le Centre d'Estudis Africans (CEA) avec le support de la Universitat Pompeu Fabra et le financement de la generalitat de Catalunya, Barcelone, 29-31 octobre 2003.
[74] JEAN-PAUL II, *Fides et Ratio,* Kinshasa, Editions Saint Paul, 1998, p. 4.
[75]*Ibidem,* p. 5.
[76] M. DUFRENNE, *Pour l'homme. Essai,* Paris, Seuil, 1968, p.120.

a son génie, ses approches, et sa sensibilité. C'est son histoire ; tout ceci joue sur la façon de poser la question du pourquoi des choses et celle concernant la quête de sens, et il a sa façon d'y répondre. Quand on sait que la totalité du réel dont s'occupe la philosophie est comme une boule à mille et une faces, personne, grec soit-il, ne peut se dire d'avoir tout vu et de l'avoir mieux exprimé que les autres. Chacun en voit quelques faces, quitte à se mettre ensemble pour en voir encore plus. Voilà pourquoi la philosophie se veut une quête de la sagesse et non sa possession. Ainsi nous sommes d'accord avec **Karel KOSIK** quand il écrit : « La philosophie est avant tout et essentiellement une recherche »[77]. Et puisqu'il en est ainsi, « le philosophe doit vieillir en apprenant tous les jours », au dire de Platon[78].

Je rebondis en affirmant que tout homme est sensé se poser des questions sur le sens de son existence et de tout ce qui l'entoure. A dire vrai, un jour, l'homme raisonnable[79] devait trouver comme nouveau tout ce qui était devant et autour de lui. C'est cela, je le crois, que l'on appelle **l'étonnement.**

Platon écrit dans son *Théétète* : « Il est tout à fait d'un philosophe, ce sentiment : s'étonner. La philosophie n'a pas d'autre origine »[80]. Aristote ne dit pas le contraire : « A l'origine[81] comme aujourd'hui, c'est l'étonnement et l'admiration qui conduisirent les hommes à la philosophie. Entre le phénomène qu'ils ne pouvaient comprendre, leur attention, frappée de surprise, s'arrêta d'abord à ceux qui étaient le plus à leur portée, et, en s'avançant pas à pas dans cette voie, ils dirigèrent leurs doutes et leur examen sur des phénomènes de plus en plus considérables (...). Mais se poser à soi-même des questions et s'étonner des phénomènes, c'est déjà savoir qu'on les ignore ; et voilà comment c'est être encore ami de la sagesse, c'est être philosophe que d'aimer les fables, qui cherchent à expliquer les choses, puisque (la fable, ou) le mythe, ne se compose que d'éléments merveilleux et surprenants. Si donc c'est pour dissiper leur ignorance que les hommes ont cherché à <philosopher>, il est évident qu'ils ne cultivent cette

---

[77] K. KOSIK, *La dialectique du concret,* Paris, François Maspero, 1970, p. 147.
[78] PLATON, Cité par E. BAUDIN, *Introduction générale à la philosophie 1. Qu'est-ce que la philosophie* ? Paris, G. De Gigard, 1927, p. 250.
[79] Mais si certains occidentaux se réserveraient le monopole de la raison, l'on sera surtout surpris de priver à tout homme l'étonnement. Au nom de quoi le fait-on ? Au nom d'une certaine théorie raciste qui croit qu'une certaine race est supérieure aux autres. Cette critique s'adresse aussi aux afrocentristes.
[80] PLATON *Théétète,* 155d.
[81] De quelle origine s'agit-il ? De celle des occidentaux ou de l'humanité ? De celle des Egyptiens ?

science si ardemment que pour savoir les choses, et non pour en tirer le moindre profit matériel »[82].

L'étonnement est propre à l'homme, car comme le dit Aristote, « l'homme[83] a naturellement la passion de connaître »[84]. Ainsi de par sa nature, l'homme est curieux. Ceci explique le pourquoi « l'homme a le don de s'étonner devant l'imprévu et en face de ce qui ne cadre pas avec ses conceptions »[85]. C'est en cela que l'homme est différent de l'animal. Le premier, se trouvant jeté dans le monde, est capable de se mettre à distance du monde où il est. Le dernier ne peut le faire. Ainsi l'homme peut faire du monde un objet de réflexion. Le rapport homme-monde est celui de distance et d'étonnement. Ce dernier est la source de la fameuse question fondamentale de Martin Heidegger : « Pourquoi donc l'étant et non pas plutôt rien ? »[86]. Il y reviendra dans **Qu'est-ce que la philosophie ?** Il écrira : « L'étonnement est archè – il régit d'un bout à l'autre chaque pas de la philosophie. L'étonnement est **pathos** (Cf. note 2: nul pathétique, dans l'étonnement, mais une émotion, au sens propre: ce qui meut de soi) (...). C'est seulement si nous comprenons le pathos comme disposition que nous pouvons aussi caractériser d'une manière plus précise, le *thaumazein* (thauma = la "merveille"), l'étonnement. Dans l'étonnement nous sommes en arrêt[87]. C'est comme si nous faisons recul devant l'étant (ce qui est, l'être) devant le fait qu'il est, et qu'il est ainsi, et qu'il n'est pas autrement. Mais « l'étonnement ne s'épuise pas devant l'être de l'étant. L'étonnement est, en tant qu'un tel retrait et qu'un tel arrêt, en même temps arraché vers et pour ainsi dire enchaîné par ce devant quoi il fait retraite. Ainsi l'étonnement est cette position dans laquelle et pour laquelle s'ouvre l'être de l'étant »[88]. Max Scheler en dit autant: « La source, qui alimente toute recherche métaphysique, est l'étonnement que quelque chose en général soit plutôt

---

[82] ARISTOTE, *Métaphysique. A. 11*, 982b.. L'affirmation d'Aristote selon laquelle « si donc c'est pour dissiper leur ignorance que les hommes ont cherché à <philosopher>, il est évident qu'ils ne cultivent cette science si ardemment que pour savoir les choses, et non pour en tirer le moindre profit matériel » est discutable. Il n'y a pas de savoir ne débouchant pas sur une certaine attitude d'être incluant un certain avoir. Je sais que sur ce point Aristote est resté fidèle à son maître Platon.

[83] De quel homme s'agit-il et de quelle race ?

[84] *Ibidem, A, I, 980 a.*

[85] L.DE RAEYMAEKER, *Op. cit.,* p.11

[86] M. HEIDEGGER, *Introduction à la Métaphysique,* Paris, Gallimard, 1967, p.13.

[87] Le « nous sommes en arrêt » est-il propre à une catégorie des gens d'une race donnée ou il est pour tout être humain ? Seuls les philosophes sortis des universités occidentales sont-ils aptes à l'étonnement ?

[88] IDEM, *Qu'est-ce que la Philosophie?* Cité dans IDEM, *Qu'est-ce que la Métaphysique ?* Paris, Nathan, 1985, p.101.

que rien »[89]. C'est cela le mystère philosophique de l'être. Je rappelle qu'avant Martin Heidegger et Max Scheler, Leibniz avait formulé la même question même s'il avait une autre préoccupation : « ***Pourquoi il y a plutôt quelque chose que rien ?*** » Car le rien est plus simple et plus facile que quelque chose. De plus, « supposé que deux choses doivent exister, il faut qu'on puisse se rendre raison pourquoi elles doivent exister ainsi, et non autrement. (...) (Cela ne peut s'expliquer que par la raison suffisante). Et cette dernière raison des choses est appelée Dieu »[90].

De ce qui précède, on comprendra que la philosophie est la réponse à cet *étonnement*. Celui-ci est comme une exigence de connaître la **Vérité**. Voilà pourquoi d'aucuns disent que la philosophie est fille de *l'étonnement.*

A la suite de Karl Jaspers, j'affirme que « ***l'étonnement [envers ce qui nous est extérieur]*** engendre l'interrogation et la connaissance; *le doute* au sujet de ce qu'on croit connaître engendre l'examen et la claire certitude; *le bouleversement* de l'homme et le *sentiment* qu'il a d'être perdu l'amène à s'interroger sur lui-même »[91]. Tout ceci conduit à philosopher. Toutefois, nous prévient Renaud Barbaras, **l'étonnement** se distingue de la *peur* qui renvoie à une menace, à la *surprise* qui fait penser à l'inattendu. Elle se caractérise, selon lui, par « une part de familiarité, le surgissement d'une distance avec ce qui allait jusqu'alors de soi »[92]. J'ajoute aussi, à sa suite, que « l'étonnement est tout entier tourné vers le monde et dévoile l'être, le *doute* concerne la valeur de la connaissance et le sujet y est plutôt tourné vers lui-même. *Douter* c'est toujours douter de soi, et par voie de conséquence, de ce en quoi l'on croit, de ce que l'on juge vrai, etc.(...) Alors que l'étonnement questionne l'être de ce qui est donné, le doute demande si ce donné est bien en lui-même tel qu'il se donne à nous, voire s'il est, tout simplement »[93].

Alors, je le dis, la philosophie se veut une connaissance de la vérité dans sa totalité. Et l'homme sera l'animal pour la vérité. Voilà pourquoi l'on ne doit pas interdire à l'enfant ***de s'étonner et de poser, d'une façon continue, les questions de pourquoi,*** car l'enfant découvre le monde. A dire vrai, « le philosophe est

---

[89] M. SCHELER, *L'eternonelluomo,* cité par G. MORRA, *op.cit.*, p.26.

[90] LEIBNIZ, cité dans M. HEIDEGGER, *Qu'est-ce que la Métaphysique ?*, p. 96.

[91] K. JASPERS, *Introduction à la philosophie*, Paris, Plon, 1974, p. 15.

[92] R. BARBARAS, « Qu'est-ce que la philosophie ? », dans *Philosophie. Commencez avec les meilleurs professeurs*, Paris, Groupe Eyrolles, 2007, p.253.

[93] *Ibidem*, p.258. Nous soulignons.

quelqu'un qui a toujours une âme d'enfant mais avec l'esprit d'un adulte »[94]. La vraie éducation des enfants doit cultiver l'amour de la vérité, car cet amour est la première tendance de toute nature intellectuelle comme le fait remarquer Jacques Maritain[95].

Si la philosophie est née de l'étonnement auquel elle se veut une réponse, force nous est de reconnaître que cette réponse n'est pas la possession de la vérité. Le doute doit toujours inquiéter cette réponse, car le philosophe, en tant qu'ami de la sagesse, est celui qui cherche le savoir tant qu'il sait qu'il ne sait pas.

Sachant que l'étonnement est propre à tout homme, il sied d'entendre la voix de Séverine Kodjo-Grandvaux, qui donne ce conseil : « Etant posé qu'il n'y a pas d'Autre *irréductible*, puisque nous partageons tous une même humanité, il est nécessaire de déceler comment et dans quelle mesure il est possible d'appréhender une pensée dite autre, c'est-à-dire dont les conditions de possibilités sont différentes »[96]. Voilà ce qui manque aux eurocentristes et aux afrocentristes.

Par ailleurs, Séverine Kodjo-Grandvaux fait un constat : « Tant que l'Occident [à travers certains de ses fils] n'acceptera pas que la philosophie africaine, mais de manière générale toute pensée étrangère, est susceptible de lui apprendre quelque chose et peut l'enrichir, les pensées non occidentales seront toujours perçues sous le mode du déni. Tant que l'Occident [à travers certains de ses fils] ne reconnaîtra pas la juste valeur des autres philosophies et qu'il s'arrogera le *prestige* de la philosophie, les pensées différentes seront toujours condamnées à demeurer sous le mode de la preuve et de la revendication afin d'attester leur égale valeur et leur richesse »[97]. Or cela est à éviter pour ne pas tomber dans le piège.

Je me résume : **l'origine, la source d'où jaillit constamment l'impulsion à philosopher, se trouve dans l'homme**[98]. Ainsi on comprend pourquoi Platon disait que « la philosophie existe parce que l'homme existe »[99]. Le

---

[94] A. MENDIRI, « Cours de philosophie. Pour toutes les sections de l'enseignement secondaire » [en ligne] *http://ediscripta.voila.net/cours dephilosophie.pdf* (page consultée le 15/11/2013).

[95] Cf. J. MARITAIN, cité par G. MORRA, *Op. cit.*, p. 32.

[96] S. KODJO-GRANDVAUX, *Op.cit.,* p. 6

[97] *Ibidem*, p.259.

[98] J. FREUND, dans sa *Philosophie philosophique*, est du même avis. Pour lui aussi, la philosophie est née là où se trouvent des hommes.

[99] PLATON, cité par M. MIZRACHI, *L'homme et le monde*, dans CNTE, *Philosophie. Fascicule3. Programme générale. Tome I*, Grenoble, s.d., p.1.

commencement, sans doute qu'il est historique, est là depuis les origines de l'être humain.

Puisque l'origine de la philosophie n'est ni européenne ni égyptienne mais humaine, « il s'agit de comprendre que la philosophie n'est pas occidentale [encore moins africaine]. Elle n'est pas ce qui caractérise *en propre* l'Occident [ou l'Afrique]. ***Elle appartient à tous***, c'est-à-dire à personne en particulier »[100], fait remarquer Séverine Kodjo-Grandvaux.

Qu'en est-il de son objet?

1.3. SON OBJET

La notion de l'objet est délicate et exige que l'on distingue l'objet matériel de l'objet formel.

---

[100] S. KODJO-GRANDVAUX, *Op.cit.,* p. 254. Je souligne.

1.3.1. Objet matériel et objet formel

L'*objet matériel* désigne tout objet qu'on étudie sans tenir compte d'un point de vue donné. Prenons un exemple : l'homme comme ***objet matériel*** peut être étudié à la fois par la biologie, la philosophie, la psychologie, la sociologie, etc. Cependant ***l'objet formel*** indique le point de vue sous lequel on considère ***l'objet matériel***. En d'autres termes, c'est l'angle sous lequel on considère l'objet matériel. Ou mieux, l'objet formel n'est rien d'autre que l'angle à partir duquel on aborde l'objet donné ou un problème. Reprenons toujours l'exemple de l'homme : la biologie peut s'intéresser à l'homme du point de vue de l'hérédité, la sociologie le considère comme un animal social ; la philosophie pourra s'y intéresser soit du point de vue de la liberté, soit du point de vue de la destinée, soit du point de vue politique.

Si telles sont les acceptions de l'objet matériel et de l'objet formel, quels seront l'objet matériel et l'objet formel de la philosophie ?

1.3.2.. Objet matériel et objet formel de la philosophie

L'objet matériel de la philosophie (ou de quoi parlent les philosophes) est tout ce qui est, visible et invisible. Voilà pourquoi nous disons que ***son objet matériel est la totalité du réel***, et chaque philosophe ne philosophera que sur une partie de cette totalité du réel. Ainsi il ne parlera pas du "tout" et de "tout" au même moment et le vécu humain. La totalité du réel est comme une boule à mille et une faces. Puisque la totalité du réel est son objet matériel, la philosophie se veut universelle et aspire à un savoir total. Oui, le philosophe méditera sur tout ce qui se présentera devant son regard et même l'invisible fera l'objet de ses recherches. Toutefois, comme le souligne André Comte-Sponville, « ce ne sont pas ses objets qui définissent la philosophie, c'est la façon dont elle les traite »[101]. C'est cela que nous appelons son ***objet formel***.

Tout ce qui est, le réel, l'être visible et invisible, sera considéré sous un aspect ou sous un point de vue qui est propre à la philosophie, à savoir « une certaine radicalité ouverte du questionnement, la puissance conceptuelle, la poursuite indéfinie de la rationalité, la quête d'une explication première ou ultime, l'exigence de la vérité, mais toujours singulière, de totalité, mais toujours à

---

[101] A. COMTE-SPONVILLE, *Op.cit.*, p.20.

reprendre ou à recommencer »[102]. En mettant, par exemple, l'accent sur la quête d'une explication première ou ultime, point de vue où **la question du pourquoi des choses** attend entendre un ultime **parce que** ou une cause première, « la philosophie poursuit l'explication ultime et définitive de tout réel »[103]. Entendons-nous bien : elle *poursuit* l'explication ultime et définitive de tout réel, *mais ne donne pas*, une fois pour toutes, cette explication ultime. Comme on le voit, il s'agit d'un idéal entretenu par la recherche permanente, car "le philosophe doit vieillir en apprenant tous les jours" et en suggérant, tant bien que mal, des explications qui se veulent ultimes mais qu'il doit toujours rectifier, car il y a toujours quelque chose qui lui échappe, ne fût-ce qu'une virgule. Porter un jugement sur la réalité dont le philosophe parle fait partie de l'objet formel de la philosophie.

Je me résume : sans avoir un objet fixe, la philosophie tient compte de tout ce qui est et porte sa réflexion sur la totalité du réel. En d'autres termes, tout peut faire objet d'une réflexion philosophique. Et du point de vue de l'**objet formel,** « la philosophie se place au point de vue de l'explication fondamentale de toutes choses »[104], comme le dit si bien Louis DERAEYMAKER. Mais Renaud Barbaras l'exprime le plus simplement possible : « La philosophie ne peut être définie par des contenus, mais plutôt par la façon dont elle se rapporte à tout contenu. « *Cette attitude peut être caractérisée, en première approche, comme interrogation* »[105]. Il y a le « pourquoi ?» qui retentit à tout moment.

Je fais remarquer, avant de conclure ce chapitre, que s'il est vrai que l'on n'est pas toujours d'accord sur ce qu'est la philosophie, du fait qu'elle est comme « un monstre à plusieurs têtes dont chacune parle une langue différente »[106], ni sur ce qu'elle vaut, cela ne doit jamais nous étonner, car c'est une façon propre à la croissance et à la pratique de la philosophie. S'il faut que je définisse la philosophie, je dirais qu'elle est le « courage de penser raisonnablement ».

---

[102]*Ibidem*, p.20.

[103] R. JOLIVET, *Op.cit*, p. 10.

[104] L. DE RAEYMAEKER, *Op. cit.,* p. 34.

[105] R. BARBARAS, « Qu'est-ce que la philosophie ? », dans *Philosophie. Commencez avec les meilleurs professeurs*, Paris, Groupe Eyrolles, 2007, p.243.

[106] A. SCHOPENHAUER, *Discours du monde,* p.7, cité par A. CHAPELLE, *Introduction systématique à la philosophie*, Bruxelles, IET, 1980.

1.4. CONCLUSION

Ce chapitre est un vrai débat sur la définition de la philosophie, son objet et son origine. Devant les différentes positions tenues par plusieurs philosophes, j'ai essayé de présenter la mienne en signalant les noms de mes « alliés ». Je dois faire voir que ma position n'est pas une parole d'Evangile.

CHAPITRE DEUXIEME : PEUT-ON PARLER DE LA PHILOSOPHIE AFRICAINE OU EXISTE-T-IL UNE PHILOSOPHIE AFRICAINE ?

2. 0. INTRODUCTION

Ce deuxième chapitre découle du premier. Existe-t-il **une** philosophie africaine ? a pour réponse : oui, il existe une philosophie africaine. Je précise : la **UNE** s'écrit au singulier tout en ayant une charge plurielle. Bref, il existe plusieurs philosophies africaines. Quand ont-elles commencé ? Si l'on est afrocentriste, l'on dira que l'Egypte antique est le berceau de la philosophie africaine. Mais si l'on professe l'homocentrisme comme moi, l'on soutiendra qu'elle commence avec le premier africain. Je dois ajouter qu'il y a ceux qui pensent que la philosophie africaine commence avec *La philosophie bantu* de Placide Tempels en 1945. En outre, d'aucuns arguent que la philosophie africaine commence avec les écrits philosophiques des africains. Rien n'est étonnant de voir que parfois l'on confond la philosophie africaine à son histoire.

Je reconnais la difficulté qu'il y a à donner un contenu à ce chapitre, et ce après avoir entendu Alphonse Joseph Smet, historien incontournable de la philosophie africaine contemporaine. Hubert Mono Ndjana, de par ses publications sur la philosophie africaine, reste un historien de la philosophie africaine recommandable. Niamkey Koffi, dont le nom est lié à ceux de Marcien Towa et de Paulin Hountondji, est revenu sur la scène de la philosophie africaine avec son livre *Controverses sur la philosophie africaine* en 2018. Paulin Hountondji est toujours actuel en train de réajuster ses « tirs » sur la philosophie africaine. Ne pas citer Grégoire Biyoyo que Dia Mbwangi Diafwita qualifie d'Emile Bréhier ou Frederick Copleston de la philosophie africaine et Alphonse Joseph Smet en est le Diogène Laërce[107], serait une insulte ou mieux un mépris provoqué par une ignorance sans prédicat. Dossou Y. Davy mérite que son nom soit signalé, lui qui se réfère bien à Jean-Marie Van Parys, Smet et Kinyongo. Théophile Obenga et Cheik Anta Diop ne sont pas du reste. Il y a encore d'autres dont je ne cite pas des noms. Tous les précités ont parlé de la philosophie africaine et de son histoire et leurs écrits sont à recommander aux jeunes

---

[107]Cf. DIA MBWANGI Diafwita, « L'approche déconstructiviste en histoire de la philosophie africaine : méthode et taxicomanie de Grégoire Biyoyo », dans *NOKOKO* (Institute of African Studies-Caleton University-Ottawa, Canada) n° 6, 2017, p. 215 note 14.

chercheurs. Mon écrit se veut une **Initiation** et son mérite est peut-être d'être écrit après les leurs, et ce, avec la prétention de vouloir ajouter l'une ou l'autre idée.

Théophile Obenga[108], Grégoire Biyogo[109] et Hubert Mono Ndjana[110] parlent de la philosophie africaine en partant de l' « antiquité » de cette philosophie. Ils sont à lire. Malheureusement, la paresse nous « bloque » la bouche et nous devenons « aphones » pour ne pas enseigner la philosophie de différents philosophes exposés dans ces livres d'histoire de la philosophie africaine. Oui, je sais que nos programmes de cours de philosophies alignent nos « maitres à penser » occidentaux. A qui la faute ? A chacun de nous qui se retrouve dans cette situation. Nous sommes toujours à la « remorque » et nous remorquons nos « petits ». A ce propos, j'entends la voix de Niamkey Koffi qui retentit dans mes oreilles : « Nous voulons indiquer ici la nécessité qu'il y a pour nous Africains d'aujourd'hui, de **changer de soleil**, car le soleil des indépendances ne nous a pas changés de soleil »[111].

2.1. LE ROLE DU PERE PLACIDE TEMPELS

Mon livre n'étant pas une histoire de la philosophie africaine, mais celui d'une **Initiation à la philosophie africaine**, je m'en vais parler de la philosophie africaine telle qu'elle est connue suite au débat philosophique soulevé par la publication de *La philosophie Bantu* de Placide Tempels qui réveilla certains Africains du « Sommeil dogmatique » ou mieux du « somnifère philosophique » dans lequel ils se retrouvaient à force d'avoir entendu, du matin au soir, que l'Afrique était couverte de l'ombre de l'obscurité noire, qu'elle était « pré-logique », que ses habitants étaient des « sauvages », qu'elle devrait recevoir la « mission civilisatrice ». Ces Africains se voyaient avec les lunettes ayant des « unités » proposées sur mesure. Ils devraient atteindre l'état des « évolués » pour manger « comme » des Blancs, marcher « comme » des Blancs, se coiffer « comme » des Blancs, s'habiller « comme » des Blancs, parler « comme » des Blancs, chanter « comme » des Blancs, etc. Ils étaient « aliénés » au sens premier

---

[108] T. OBENGA, *La philosophie africaine de la période pharaonique 2780-330 avant notre siècle*, Paris, L'Harmattan, 1990.

[109] G. BIYOYO, *Histoire de la philosophie africaine*, Livres I, II, III, IV, Paris, L'Harmattan, 2006.

[110] H. MONO Ndjana, *Histoire de la philosophie africaine*, Paris, L'Harmattan, 2009.

[111] NIAMKEY Koffi, *Controverses sur la philosophie africaine*, Paris, L'Harmattan, 2018, p. 119. Je souligne

du terme : être étranger à soi-même. Le « Blanc » étant l'étalon de l' « Humanité » et de la « Dignité » humaine.

Dans ce contexte de la colonisation géographique et mentale, apparut le fameux livre de Placide Tempels. Ce livre, en réveillant certains Africains du sommeil dogmatique et en tirant à boulet rouge sur certains Blancs imbus de la supériorité « fallacieuse », eut un accueil différent et chez certains Africains et chez certains Blancs. Placide Tempels affirmait l'existence de la philosophie bantu, et par surcroit, celle de la philosophie africaine. **Scandale** pour les uns, **reconnaissance** pour les autres. Quel était le but de Placide Tempels en rédigeant son livre portant sur la philosophie bantu ? L'historien Alfons Josef Smet que j'appelle affectueusement « Smet l'Africain »[112] remet les pendules à l'heure en donnant certaines précisions : Possoz fut « le premier traducteur de la philosophie bantu de Tempels (…). Au moment où il a présenté cette traduction de Possoz pour l'éditer, Tempels a trouvé une forte opposition, aussi bien du côté ecclésiastique que des autorités civiles. C'est pour cela qu'il a demandé à Rubbens, un avocat progressiste, de la revoir, mais celui-ci a préféré faire une nouvelle traduction (…). Tout ce qui pouvait déranger les anticléricaux a été supprimé. C'est sur certains passages de la traduction de Rubbens qu'on s'appuie maintenant pour classer Tempels parmi ceux qui propageaient « la mission civilisatrice ». En effet, dans la traduction de Rubbens, le dernier chapitre de *La philosophie bantu* s'intitule : « La philosophie bantoue et notre mission civilisatrice ». Si l'on veut rester plus proche du texte original, on devrait traduire : « La philosophie bantoue et nous, les civilisateurs » »[113]. A.J. Smet ne manque pas, à la page 37, de corriger la traduction de Rubbens. Smet cite Tempels pour lui rendre justice : « Ce livre [*La philosophie bantu*] défend, en conclusion, la thèse que le Blanc doit cesser de confondre sa mission avec une marche triomphale de ses valeurs, de ses jugements et conceptions et avoir respect des valeurs humaines existantes… même dans l'œuvre de l'Evangélisation »[114]. Ceci étant, Smet écrit : « L'objectif principal de Tempels n'était pas de réformer certaines pratiques de la colonisation afin d'en améliorer l'efficacité »[115]. Et A. J. Smet conclut : « C'est peut-être sa propre position sur la mission civilisatrice que Rubbens a introduite,

---

[112] Cf. Le chapitre sixième.

[113] A. J. SMET Répondant à une des questions dans M. BUASSA Mbandu, *Père A. J. Smet et la philosophie africaine. Entretien-Etudes critiques-Témoignages*. Préface de Mgr J. Ntedika Konde, postface du Prof. Okolo OkondaW'Oleka, Kinshasa, Facultés Catholiques de Kinshasa, 1997, p. 36-37.

[114] P. TEMPELS, cité par A. J. SMET, dans M. BUASSA Mbandu, *Op. cit.*, p. 38.

[115] A. J. SMET, dans M. BUASSA Mbandu, *Op.cit.*, p. 38.

sans être conscient, dans la traduction du livre de Tempels »[116]. Smet recourt à la traduction de Possoz quant à la notion « force vitale ». On doit traduire par « force de la vie », ce qui rend honneur, dit Smet, à la vie et non à la force[117]. A la fin, Smet pose une question : « Mais quelle aurait été la suite pour Tempels s'il avait publié une traduction de son propre texte de la main de Possoz ? »[118]. Mon souhait est qu'A. J. Smet ou son groupe de travail fasse une « édition critique » de *La philosophie bantu* de Placide Tempels et les vaches seront bien gardées. Malheureusement, il n'est plus. Paix à son âme !

Une précision s'impose : à la question de savoir si Tempels est ancêtre ou fondateur de la philosophie africaine, A. J. Smet est précis : « En ce qui concerne le Père Tempels, je crois que je n'ai jamais écrit pour mon compte qu'il a été le premier à reconnaitre ou à poser l'existence d'une philosophie africaine »[119]. En effet, Bilolo Mubabinge affirme que le problème de reconnaissance d'une philosophie négro-africaine remonte au XVIIIe siècle et même au-delà, nous renseigne Michel Bwassa Mbadu en sa question posée à Smet à la page 33.

2.1.1. TEMPELS : Mal connu

ou mal compris?[120]

A. J. Smet nous parle de sa rencontre avec Placide Tempels en 1975 qui l'encouragea à formuler un jour ce qu'il a voulu dire. Le 30 septembre 1976, il le rencontra pour la deuxième fois. Introduit par Tempels dans sa chambre, Smet découvrit l'exemplaire corrigé de l'édition d'Elisabethville. « Il s'agit vraiment d'une révision profonde. Puisqu'il avait lui-même évolué, il avait apporté des corrections sans se référer à son tout premier texte néerlandais, ni à ce qu'il avait appelé « texte original ». Il me demandait donc de tenir compte de ses propres corrections (…). Il m'a permis de prendre une photocopie de ce exemplaire corrigé ».[121] Le 8 août 1977, le 12 août, le 7 et le 27 septembre 1977 ils se sont

---

[116]*Ibidem*, p. 39. Il semble que c'est la femme de Rubbens qui aurait traduit le livre, nous renseigne Smet.

[117] Cf. *Ibidem*, p. 40.

[118]*Ibidem*, p. 40.

[119]*Ibidem*, p. 33.

[120] L'intitulé de cette section est celui de la section III. 2 du livre de Michel Bwassa Mbandu dans lequel A. J. Smet nous livre, à travers un entretien serré, le résumé de son histoire de la philosophie africaine. p. 40.

[121] A. J. SMET, dans M. BUASSA Mbandu, *Op.cit.*, p. 41.

encore rencontrés. Et la dernière fois fut le 27 septembre 1977. Tempels alla **ad patres** le 9 octobre 1977.

Smet reste convaincu que si Tempels avait « suivi de plus près les discussions autour de son livre, il aurait sans doute été surpris d'être considéré comme un défenseur de l'ordre colonial »[122]. Pour Smet, deux notions, à savoir « atavisme » et « mission civilisatrice » ont discrédité Tempels auprès de beaucoup d'Africains. Tempels a barré le terme atavisme et le remplacer par « leur sagesse traditionnelle », et Smet regrette de voir l'Edition de Présence Africaine retenir ce terme, celui d'atavisme.

Ayant remarqué que *La philosophie bantu* de Tempels était au centre de toutes les discussions autour de la philosophie en Afrique, Smet a voulu rechercher l'exacte signification de « ce petit livre, son objectif »[123]. En effet, Tempels a porté un jugement sévère sur le régime administratif et l'administration belge exerça une forte pression sur les autorités ecclésiastiques en leur demandant d'éloigner de la colonie « ce prêtre difficile », nous renseigne Smet. Monseigneur De Hemptine et Monseigneur Dellepiane s'opposaient à Tempels et il est vrai qu'ils ont aussi joué un grand rôle dans le fait de « tenir éloigné de la colonie » Tempels.

Si Smet a passé sa vie à faire connaitre un « autre Tempels », Paulin Hountondji, celui de « L'effet Tempels », de l' « *Ethnophilosophie* » : *le mot et la chose d'une pensée pré-personnelle. Note sur « ethnophilosophie et idéo-logique »* *de Marc Augé*, a compris l'autre Tempels et lui a restitué sa valeur. J'en parlerai bientôt et je suis navré de lire des ouvrages récemment publiés qui ne signalent pas Towa II, Hountondji II.

2.2. Pensée ou philosophie africaine ?

Un débat a surgi à la sortie de *La Philosophie bantu*[124] de Placide Tempels. S'agissait-il de la pensée africaine ou de la philosophie africaine ? la pensée africaine est-elle synonyme de la philosophie africaine ? A quelle condition peut-on parler de la philosophie africaine ? Toutes ces questions et tant d'autres sous-tendent un présupposé philosophique : **sa propre conception de la philosophie**. *Voilà ce qui est en jeu.* La mienne est dans l'Homocentrisme.

---

[122]*Ibidem*, p. 44.
[123]*Ibidem*, p. 44.
[124] Dans ce livre, bantu sera aussi écrit bantou ou bantoue selon les auteurs.

Puisqu'il s'agit d'une *Initiation à la philosophie africaine*, je me dois de résumer les différents débats suscités par *La Philosophie bantu* de Placide de Tempels.

Certains philosophes africains diplômés des universités occidentales dont Alexis Kagame, Mujynia, etc. ont accueilli favorablement le livre de Tempels et ont continué le travail entrepris par Tempels. D'autres ont levé leurs boucliers pour remettre en question le livre de Placide Tempels. Parmi ces derniers, je retiens le premier nom, celui de Franz Crahay.

2.2.1. Franz Crahay[125] et le décollage conceptuel : condition d'une philosophie bantoue

Raymond E. Mutuza Kabe[126] résume bien la pensée ou mieux la critique de Franz Crahay faite à *La philosophie bantu* de Placide Tempels. Franz Crahay adresse trois reproches à l'œuvre de Tempels :

Titre du livre : il y a une confusion à propos du concept philosophie. Sens vulgaire et sens informé.

« La persistance de pareille confusion tout au long du livre »[127] quand il parle de philosophie, de métaphysique, etc.

« Dans l'ensemble, une assise et une terminologie philosophique floues jetant la surprise sur maintes affirmations »[128] comme celles concernant, par exemple, les rapports de la philosophie et de la science.

Insistant surtout sur le premier reproche, F. Crahay finit par définir la philosophie comme « une réflexion explicitée, analytique, radicalement critique et autocritique, systématique au moins en principe et néanmoins ouverte, portant sur l'expérience, ses conditions humaines, les significations et les valeurs qu'elle révèle »[129]. D'où pour une philosophie bantoue, le décollage conceptuel s'impose

---

[125] F. CRAHAY, « Le décollage conceptuel : condition d'une philosophie bantoue », dans *Diogène* n°52 (1965), p. 61-84.

[126] R.E. MUTUZA Kabe, *De la philosophie occidentale à la philosophie négro-africaine. Apport des philosophes zaïro-congolais*, Kinshasa, Editions Universitaires Africaines et L'arc-en-ciel, 2008.

[127] *Ibidem*, p. 68.

[128] *Ibidem*, p. 68.

[129] F. CRAHAY, cité par *Ibidem*, p. 69.

et certaines conditions sont à remplir pour que cette philosophie s'installe. Entre autres, il faut :

Du personnel qualifié, des philosophes ;

Des réflecteurs qu'on aura suite au « contrat [contact ?] prolongé avec les grandes traditions philosophiques existantes, contrat qu'il appelle métissage culturel bien conçu »[130] ;

Un inventaire des valeurs à sauver : « attitudes, ressources linguistiques, symboles,… »[131] ;

Un décollage : « décoller ici voudrait dire entrer décidemment dans l'âge de la réflexion achevée, critique, autocritique et constructive. Il s'agit, en somme, pour la pensée, de décoller franchement du mythe ; pour la conscience réflexive, de se dépendre de la conscience mythique »[132] ;

« L'attitude souhaitable des intellectuels bantous en face de la culture nouvelle à élaborer par l'inévitable voie d'un immense travail d'assimilation et, le cas échéant, fort prudente naturalisation »[133].

Peut-on affirmer qu'avec F. Crahay la philosophie africaine n'existe pas ? D'aucuns soutiennent que F. Crahay nie l'existence de la philosophie africaine. A ce propos, Alfons Josef Smet a sa propre lecture. Après une analyse minutieuse de l'article de F. Crahay, Smet constate que pour Crahay « il n'existe pas, à ce jour, de philosophie bantoue »[134]. Mais, ajoute Smet, comme s'il voulait se reprendre, « il [Crahay] ajoute en note : « Remarquons que nous n'avons pas conclu à l'inexistence de toute philosophie négro-africaine, encore que le bilan en soit mince »[135]. Cependant, Smet soupçonne « que cette note ne figurait pas dans le texte de sa fameuse conférence »[136] et prend à témoin Elungu Pene Elungu qui avait assisté à sa conférence. Cette note de F. Crahay se comprend en ce sens : « il y avait certes, au moment d'autres événements importants au ciel philosophique africain, comme « présence africaine » avec Alioune Diop, Sékou Touré et surtout « le conscientisme » de Nkrumah qui n'était lui non plus épargné par Crahay.

---

[130] R.E. MUTUZA Kabe, *Op. cit.*, p. 69.
[131] *Ibidem*, p. 69.
[132] *Ibidem*, p. 69-70.
[133] *Ibidem*, p. 70.
[134] F. CRAHAY, cité par A.J. SMET, *Op. cit.*, p. 26.
[135] *Ibidem*, p. 27.
[136] A. J. SMET, dans M. BUASSA Mbandu, *Op.cit.*, p.30. Je souligne.

C'est devant Nkrumah que Crahay se rendait compte qu'il devait adopter une position plus nuancée… »[137].

De ce qui précède, l'on retient que F. Crahay n'a pas conclu à l'inexistence de toute philosophie négro-africaine, encore que le bilan en soit mince. Entre la tenue de la fameuse conférence et la publication de l'article, la nuit a apporté conseil. D'où cette note.

Toutefois, Smet relève que la critique de Crahay a « élevé à l'âge adulte, la jeune philosophie de l'Afrique. C'est délibérément que je [Smet] dis : la philosophie de l'Afrique, et non la philosophie africaine… Cette philosophie bantou semblait enfermer l'homme dans son passé… Peut-être Crahay ne s'est-il pas rendu compte que Tempels ouvrait un débat, un débat qui n'était pas exclusivement philosophique… »[138].

Par ailleurs, Smet souligne que « la critique de Crahay est encore une provocation des philosophes Africains (sic). Je [Smet] veux dire ceci : la prise de position de Crahay se présente comme un défi et a suscité un débat entre Africains (…) »[139].

2.2.2. Hountondji et Towa. Critique de l'Ethnophilosophie[140] : méthode et statut

De prime abord, je tiens à souligner que le philosophe a peur de sa conscience et de Dieu s'il est croyant. En outre, le philosophe tient à sa position jusqu'à preuve du contraire. Et si le contraire le convainc, il est toujours prêt à débusquer ses erreurs, selon Karl Poper et à rebrousser chemin, selon Emmanuel Kant. Qu'est-ce à dire ? Paulin Jidenou Hountondji et Marcien Towa ont eu à rebrousser chemin quant à ce qui concerne leurs critiques faites à l'ethnophilosophie. Ainsi, dans cette section, il s'agira de Paulin Hountondji I et de Marcien Towa I. Malheureusement, il y a encore certains historiens de la philosophie africaine[141] qui semble ne pas suivre l'évolution de la pensée de certains philosophes africains. Hubert Mono Ndjana fait l'exception quant à ce[142].

---

[137]*Ibidem*, p. 29.
[138]*Ibidem*, p. 30.
[139]*Ibidem*, p. 30.
[140] D'autres écrivent Ethno-philosophie en deux mots.
[141] - DOSSOU Y. Davy, *Philosophie africaine : principaux courants et perspectives*, Paris, Edilivre, 2015. Il ignore l'existence de Paulin Hountondji II.

« Pour avoir cherché à comprendre la pensée profonde des bantou à partir des données ethnologiques de ces peuples, l'entreprise philosophique de Tempels et sa suite (Kagame, Mulago, Mujynya, Mbiti, Fouda, Makarakiza, etc.) a été **péjorativement** dénommée « ethnophilosophie » par Hountondji et Towa : leur méthode de travail a été dite « retrojective », leur intention taxée recherche passionnée d'une « hypothétique philosophie collective »[143] .

R.E. Mutuza Kabe cite le texte de Paulin Hountondji, publié en 1968 dans la revue *Présence Africaine*, dans lequel il a déclaré la guerre à tout « article d'ethnologie, au sens traditionnel du mot »[144] et que sa rubrique philosophique de cette revue accueillera « tous les articles de critique et de réflexion philosophique dus à des africains et susceptible d'aider, directement ou indirectement, à la prise de conscience des réalités africaines et à leur mise en question révolutionnaire »[145].

En effet, Paulin Hountondji[146] s'est attaqué aux écrits de Tempels et de Kagame, écrits qualifiés d'ethnophilosophie, enfermant les bantous dans une philosophie collective.

L'ethnophilosophie étant dénoncée comme un mythe fabriqué par Tempels, a des conséquences fâcheuses, car elle est à la source du piétinement de la pensée qui se voudrait authentiquement africaine. De ce fait, elle fait de la philosophie africaine un mythe, un ensemble de visions du monde collectives et inconscientes[147].

Hountondji comme Towa, pour les résumer, diront que l'ethnophilosophie admet l'unanimisme, « qu'elle ne relève ni de l'ethnologie, ni de la philosophie. Elle trahit les deux à la foi (sic). N'étant donc pas réellement de la philosophie, mais présentée néanmoins comme telle malgré son unanimisme qui contredit la quête individuelle de la vérité ou du souverain bien, Fabien Eboussi Boulaga n'y

---

- NIAMKEY Koffi, *Controverse sur la philosophie africaine*, Paris, L'Harmattan, 2018. Ce philosophe ignore que Paulin Hountondji des années 70 n'est plus. Ignorance entretenue(?).

[142] Cf. H. MONO Ndjana, *La philosophie négro-africaine. Essai de présentation générale*, Paris, L'Harmattan, 2016, note 292. Je souligne. Il signale qu'en 1983, au cours du Colloque de philosophie organisée à l'Ecole Normale Supérieure de Yaounde, Paulin Hountondji s'est expliqué que le mot ethnophilosophie ne vient ni de lui, ni de Towa, mais de Nkrumah.

[143] P. NGOMA-BINDA, *La philosophie africaine contemporaine. Analyse historico-critique*, Kinshasa, FCK, 1994, p. 46.

[144] P. HOUNTONDJI, cité par R.E. MUTUZA Kabe, *Op.cit.*, p.71.

[145]*Ibidem*

[146] Cf. P. HOUNTONDJI, « Remarques sur la philosophie africaine contemporaine », dans *Diogène* n°71 (1970), p. 120-140.

[147] Cf. IDEM, *Histoire du mythe*, Paris, Présence Africaine, 1974.

voit qu'une malheureuse tentative de mimétisme de la part d'un sujet sans consistance »[148].

Bref, les ethnophilosophes sont victimes du complexe d'infériorité et cherche à s'en débarrasser en disant : « Nous aussi nous avons des philosophies ».

Reconnaissons que Crahay, Hountondji, Towa, Eboussi, etc. n'ont pas réglé la question de la philosophie africaine car ils ont croisé sur leur chemin l'Ecole ivoirienne qui les qualifia de tous les maux et épithètes possibles. Je retiens Niamkey Koffi comme représentant des critiques des critiques de l'ethnophilosophie.

2.2.3. Niamkey Koffi, maître de l'éristique de la philosophie africaine

J'ai eu l'honneur de voir et d'entendre Niamkey Koffi en 1982[149] lors de sa conférence intitulée *Qui sont les philosophes africains ? Statut théorique de la question*, conférence tenue au colloque sur la philosophie africaine ayant pour thème *Dix ans d'activité philosophique en Afrique et au Zaïre* du 11 au 15 janvier 1982. Cette conférence est reprise, *in extenso*, dans son livre sous examen. Qu'il soit dit en passant que Niamkey Koffi semble vivre en « guetho philosophique », car, pour lui, Paulin Hountondji n'a jamais changé de fusil d'épaule, sans rendre totalement les armes. Oui, un fait est de changer le fusil d'épaule après avoir entendu un bruit percutant de Niamkey Koffi et après avoir suivi la « Pancarte » ou « Poteau indicateur » de Marc Augé, comme cela fut le cas avec son Maitre Louis Althusser devant le « Poteau indicateur » de Jacques Bidet.

Je reviens à Nyamkey Koffi sans le traiter de celui qui souffre des « crampes » hountondjiennes.

Ayant pris pour alliés Karl Marx, Antonio Gramsci et Louis Althusser, Niamkey Koffi est allé en guerre contre Hountondji I et Towa I, et ce sur le champ

---

[148] H. MONO Ndjana, *La philosophie négro-africaine. Essai de présentation générale*, p. 205.
[149] J'étais étudiant en Première Philosophie au Grand Séminaire Interdiocésain Saint Paul de Lubumbashi où j'ai connu Kinyongo Jeki, Misenga Nkongolo, et Mutunda Mwembo comme professeurs. A Kinshasa, je fus étudiant de Okolo Okonda, Ngimbi Nseka, Célestin Dimandja, Georges Ndumba, Nketo, Mvuezolo. Et Prince Kaumba Lufunda fut le promoteur de ma Thèse de Doctorat en Philosophie à l'Université de Lubumbashi. Il m'a ouvert les yeux au monde de l'Altermondialisme et de la Postmodernité après avoir fondé ma « maison » sur le matérialisme historique depuis l'institut Supérieur de l'Athéisme de la Pontifia Università Urbaniana (1983-1987).

de bataille des idées portant sur la philosophie africaine. En 2018, il vient de nous livrer, sous un livre, toute sa production philosophique sur ce sujet.

Mon ambition n'est pas celle de résumer tout le livre, mais de relever les critiques adressées à Hountondji qu'il appelle (ironiquement) le **philosophe africain** et Towa. Le philosophe ivoirien Niamkey Koffi n'avance pas masqué sur le champ de bataille. Il est à découvert et annonce ses couleurs : La philosophie africaine existe et « le concept de « philosophie africaine » est un mot qui désigne les diverses philosophies africaines dans leur masse »[150]. Ceci étant, Niamkey pense que « l'histoire de la philosophie telle qu'elle a été constituée est l'histoire d'un mythe : le mythe de la Philosophie en soi qui, du ciel aurait débarqué en Grèce comme en un point de chute. La philosophie n'a pas une origine unique, car elle n'est pas une, elle n'a pas l'unité d'un sujet »[151].

2.2.3.1. De Towa à Hountondji : hagiographie de la philosophie élitiste-occidentale

Dans son chapitre *De Towa à Hountondji : hagiographie de la philosophie élitiste-occidentale*, Niamkey résume la critique faite à l'ethnophilosophie confondant « vraie et fausse philosophie » et ce qu'elle nomme imprudemment philosophie africaine « n'est qu'une fausse philosophie, ou plus exactement, une non philosophie, une vision collective du monde. Nous n'aurions donc pas dans nos sociétés africaines précoloniales de philosophie au sens rigoureux du terme »[152]. Towa, quant à sa part, croit que le secret de la puissance européenne est à interroger à sa philosophie. « Mais en interrogeant la philosophie européenne, nous [Towa] ne cherchons pas comme l'ethnophilosophie à en élargir le concept pour pouvoir revendiquer aussi une philosophie »[153]. Constatant, de ce fait, que la philosophie africaine est à faire, Hountondji a proposé de renoncer à la question « Existe-t-il une philosophie africaine ? » et de la substituer par une autre : « Qui est philosophe africain ? ». Pour Niamkey, un tel déplacement est justifié par la « découverte » d'Amo, philosophe d'origine ghanéenne formé en Allemagne. « Au fond, pense Niamkey, pour Hountondji, Amo (Antoine-Guillaume) est à considérer comme philosophe africain non pas parce qu'il est Africain, mais surtout parce qu'il est un Africain devenu philosophe dans et par la tradition

---

[150] NIAMKEY Koffi, *Op.cit.*, p. 17.
[151] *Ibidem*, p. 19.
[152] *Ibidem*, p. 22.
[153] M. TOWA, cité par *Ibidem*, p. 22.

occidentale de philosopher »[154]. Qu'à cela ne tienne ! « En fait, qui décrète que tel est philosophe et de surcroît philosophe africain aujourd'hui et hier ? »[155]. Ceci étant dit, Niamkey fera remarquer qu'Amo comme Hountondji et Towa sont de l'école occidentale et le déplacement de la question demeurant intacte et massive n'est justifiée par aucune découverte, n'ayant aucune signification heuristique. Invitant Hountondji et Towa à rompre à tout « élitisme », Niamkey propose de reprendre et de résoudre la question « Existe-t-il une philosophie africaine ? » en s'inspirant de Marx et de Gramsci. Voilà pourquoi il fait voir à Hountondji et Towa que leurs productions philosophiques et leurs positions sociales d'intellectuels relèvent du rapport de production d'un mode de production capitaliste les plaçant dans une classe sociale hégémonique refusant « le titre de philosophie aux pensées de provenance populaire »[156]. De ce fait, l'on est en mesure de comprendre « d'où » ils parlent lorsqu'ils refusent de reconnaitre comme « vraie » philosophie « les pensées africaines précoloniales qu'ils jugent comme étant des philosophies spontanées et implicites »[157]. Voilà la « clé » pour comprendre la quintessence de la critique niamkeyenne contre Hountondji et Towa : « Hountondji et Towa sont élitistes et appartiennent à un groupe social hégémonique ayant la volonté de dominer la totalité sociale en la soumettant à son idéologie dominante promue au rang de « bonne » pensée ou pensée systématique »[158].

2.2.3.2. D'où parlent Towa et Hountondji ?

En répondant à la question **D'où parlent Towa et Hountondji ?** (deuxième chapitre de la première partie), l'on comprendra qu'en « « chiens de garde », ils accusent tous les partisans de l'existence d'une philosophie africaine de distendre la notion de philosophie jusqu'à en faire l'équivalent de la notion de culture »[159]. De fait, la « notion de philosophie » est leur chasse gardée. Pour Niamkey, partisan de l'existence d'une philosophie africaine précoloniale, prêt à faire **travailler** le concept de philosophie sur les pensées africaines précoloniales, « l'élargissement du concept de philosophie désigne non pas un oubli de la rigueur, **mais une récusation à la fois du modèle libéral et du modèle**

---

[154] NIAMKEY Koffi, *Op. cit.*, p.33.
[155] *Ibidem*, p. 27.
[156] *Ibidem*, p. 23.
[157] *Ibidem*, p. 28.
[158] *Ibidem*, p. 28.
[159] *Ibidem*, p. 25.

académique autoritaire pour questionner par-delà les modèles idéologiques fournis par les philosophes traditionnels, la réalité de la pratique philosophique elle-même dans le mode de production spécifique où elle est incluse »[160]. Bref, à bas le cautionnement de l'hégémonie de la philosophie occidentale dont Hountondji et Towa sont hérauts proclamant à qui veut les entendre qu' « il n'y aura de philosophie africaine que dans la mesure où les Africains produiront une philosophie née de l'assimilation ou de la digestion des philosophies occidentales [Réflecteurs de F. Crahay] dispensées dans les écoles importées d'Europe »[161]. Marcien Towa propose même la conquête de la philosophie occidentale afin que devenus comme l'occident, nous soyons incolonisables. Ce à quoi Niamkey répond ironiquement : « **Heureuse solution** qui consiste en la suppression du monde par la suppression de notre conscience du monde. **Tel est cet homme qui croit avoir supprimé le danger parce qu'il s'est évanoui !** »[162]. Je souris. Voilà qui fait dire à Niamkey qu' « en réalité, ses positions [de Towa] restent dans la droite ligne de la politique coloniale d'assimilation culturelle qui a conduit à la création d'une Intelligentsia noire »[163]. Parlant du lieu de l' « Intelligentsia noire », « en tant qu'intellectuels, fait remarquer Niamkey, Towa et Hountondji sont incapables de s'imaginer que « tous les hommes sont des intellectuels, mais tous les hommes n'ont pas dans la société la fonction d'intellectuels »[164]. Et puisqu'il en est ainsi, pense Niamkey, Towa et Hountondji sont des intellectuels organiques défendant la classe hégémonique, et de ce fait même, ils conçoivent « le travail intellectuel comme une « profession » inaccessible spontanément aux larges masses »[165].

De ce qui précède, Niamkey tire une conclusion : « En réalité, les attributs « vraies » et « fausses » dissimulent et désignent à la fois la lutte entre les idées officielles et les idées subalternes, les premières étant dominantes, les secondes dominées »[166]. Qu'est-ce à dire ? En purs intellectuels, Towa et Hountondji ne font que « reproduire la division institutionnelle de la société entre une philosophie savante pour « ceux d'en haut » - l'élite ; et une autre (religion en dernière instance) pour « ceux d'en bas », les masses. Ils demeurent des constructeurs d'idéologies pour gouverner les autres en bons intellectuels traditionnels »[167]. Et

---

[160]*Ibidem*, p. 25-26. Je souligne.

[161]*Ibidem*, p. 26.

[162]*Ibidem*, p. 26. Je souligne.

[163]*Ibidem*, p. 26.

[164]*Ibidem*, p. 27. Cf. Antonio Gramsci.

[165]*Ibidem*, p. 28.

[166]*Ibidem*, p. 28.

[167]*Ibidem*, p. 29. A. Gramsci parle en Niamkey.

Niamkey clôt ce chapitre en prodiguant ce conseil : « Nous pensons que dans le débat sur l'existence d'une philosophie africaine, il ne faut pas tomber dans la triviale banalité selon laquelle « si tous pensent, quelques-uns seulement pensent bien et beaucoup pensent mal »[168].

2.2.3.3. Sur Philosophie et philosophies dites populaires ou spontanées

Au chapitre troisième, *Philosophie et philosophies dites populaires ou spontanées*, Niamkey Koffi énonce sa Thèse : « Nous avons dit et soutenu la thèse selon laquelle philosophie officielle et philosophie spontanée sont toutes deux des conceptions du monde et de la vie. La différence spécifique que l'on pourrait instaurer entre elles découle du fait que la pensée des philosophes de profession se nourrit de l'histoire officielle de la « Pensée » qu'elle a assimilée de telle sorte qu'elle ne trouve que les interdits. Ce n'est donc pas la systématicité et la logicité qui distingueraient l'une de l'autre, dans la mesure où comme nous le montrerons, la logique est la première aventure du discours [de tout sujet parlant] et aussi dans la mesure où dans le domaine de l'activité intellectuelle et spéculative, la logique est plutôt un ajustement qu'une rigueur scientifique »[169]. Puisqu'il en est ainsi, les philosophies officielles se distinguent de la philosophie populaire par leur politique de la lecture et leur re-écriture différentielle de l'histoire de la pensée[170]. Malins, les philosophes de profession, fustige Niamkey, toujours en mal de logicité et de systématicité, s'amusent à utiliser des moyens ultra-conceptuels telles la déduction mathématique. Voilà leur manière de jeter la poudre aux yeux de la philosophie populaire. En définitive, conclut Niamkey, « la philosophie comme système rigoureux de penser n'est qu'une parodie de la rigueur scientifique. Et comme le souligne le dicton : « L'habit ne fait pas le moine même si c'est à l'habit que l'on reconnait le moine »[171] et le faux moine qui opère en « kamikaze », dois-je ajouter.

En outre, Niamkey a fait voir que les philosophies africaines précoloniales sont nées en étroite relation avec l'organisation sociale comme la philosophie grecque est la fille de la cité. Il le démontre en partant des modes de production sociale africaine dont les unités de production sont les cellules familiales, les cercles d'amis, les groupes d'âge ou d'association à base économique, culturelle

---

[168]*Ibidem*, p. 30.
[169]*Ibidem*, p. 31.
[170] Cf. *Ibidem*, p. 32.
[171]*Ibidem*, p. 33.

et/ou religieuse. Dans ces unités de production, l'aîné joue un grand rôle. Etant dépositaire du savoir, il a la suprématie et contrôle le producteur. Point n'est besoin de rappeler que « l'acquisition du savoir se fait avec le temps et coïncide avec l'âge physiologique… L'acquisition et la détention du savoir auront pour effet de renforcer l'autorité des plus âgés sur les plus jeunes »[172] . Les Aînés consolideront leur contrôle sur la société en érigeant des barrières sur la voie d'accès au savoir. Louis Althusser, dans les sociétés modernes, donne à ces barrières le nom d' « appareils idéologiques d'Etat », à savoir l'Ecole, la famille, la religion, etc. Dans les sociétés africaines précoloniales, les appareils idéologiques sont « les sociétés d'initiation, les pratiques nyctosophiques ou sorcellerie, la famille étendue, clan, lignage, la différence des statuts des individus, etc. »[173]. Après avoir passé en revue le niveau économique, le niveau juridico-politique et le niveau idéologique de ces sociétés africaines précoloniales, Niamkey fait savoir qu'on verra surgir sur le sol juridique, économique et politique « des **philosophes apologétiques** c'est-à-dire des philosophes qui vont exalter le principe de la solidarité clanique, ethnique, fraternelle et le principe du primat de l'âge comme source de la sagesse »[174]. La force de travail humain étant considérée comme l'élément dominant du procès de production, une philosophie spécifique fera jour où seront « exaltées les grandes valeurs idéologiques que sont la loyauté, la piété familiale, l'obéissance et la vie (ou fécondité procréatrice). Ces **philosophies d'agrégation** visent à assurer l'ordre gérontocratique, l'autorité spirituelle et l'autorité maritale. Au-dessus de l'autorité politique on placera l'autorité spirituelle qui est présentée comme la manifestation de la volonté du ciel. Ici, va s'élaborer la théorie des forces comme idéologie du pouvoir dont les pratiques nyctosophiques sont l'expression »[175].

Par ailleurs, Niamkey nous informe que dans les sociétés africaines précoloniales existaient différentes formes de philosophie : philosophies idéologiques de tout genre, philosophies ouvertement relieuses, philosophies matérialistes, voire athées, philosophies conservatrices, philosophies progressistes, etc.[176].

Dans les sociétés africaines précoloniales existent des producteurs des philosophies dominantes. Ce sont des « nyctosophes », appelés actuellement

---

[172] C. MEILLASSOUX, cité par *Ibidem*, p. 40.
[173] NIAMKEY Koffi, *Op. cit.*, p. 41.
[174]*Ibidem*, p. 41.
[175]*Ibidem*, p. 41-42.
[176] Cf. *Ibidem*, p. 42.

sorciers, devins, guérisseurs, bref, les « maitres de vérité »[177]. Ils occupent officiellement la fonction d'intellectuels. Leurs pratique servent des textes et ont une seule visée fondamentale : servir la pratique sociale et leur fonction idéologique est de renforcer ou de liquider l'ordre social.

De ce qui précède, Niamkey retient que « la philosophie, en tant que pratique idéologique débouchant sur une certaine politique, ne saurait être ni l'apanage d'une société si « évoluée » soit-elle, ni l'apanage des intellectuels précoloniaux »[178].

Comme Towa et Hountondji ont opté pour les idéologies discontinuistes rompant avec le passé, et ce, sans justification, Niamkey les accuse du « snobisme intellectuel »[179]. L'on doit toujours tenir à l'esprit ce constat : « En effet, si nous sommes les intellectuels d'aujourd'hui, c'est parce que la culture a changé de classe et par conséquent de nature, compte tenu de la subversion coloniale dont la politique d'assimilation culturelle a conduit à la création d'une nouvelle intelligentsia noire précoloniale »[180].

2.2.3.4. De la distinction entre philosophie et philosophies dites populaires

Dans la deuxième partie de son livre partant de la pensée de Towa et de Hountondji, Niamkey cherche à instaurer un débat interafricain pour « corriger **les bévues et les myopies intellectuelles** des uns et des autres en vue d'une renaissance culturelle africaine non hypothéquée **ni par le dogmatisme ni par l'obscurantisme** »[181].

Niamkey affronte Towa et Hountondji sur le terrain ou front *De la distinction entre philosophie et philosophies dites populaires* (chapitre premier). Niamkey s'en va en guerre contre l'apologie idéologique de la philosophie qui fait de celle-ci une « discipline théorique spécifique ayant ses exigences propres et obéissant à des règles méthodologiques déterminées, au même titre que la mathématique, la physique, la chimie, etc. »[182]. Pour Hountondji, la philosophie est une science parmi les sciences. Niamkey pense que cette définition de la philosophie comme discipline scientifique provient de la distinction opérée entre

---

[177] *Ibidem*, p. 42.
[178] *Ibidem*, p. 43.
[179] *Ibidem*, p. 43.
[180] *Ibidem*, p. 44.
[181] *Ibidem*, p. 45. Je souligne.
[182] P. HOUNTONDJI, cité par *Ibidem*, p. 47-48.

philosophie et philosophie dite populaire, la première étant considérée comme production individuelle privée. Ce choix théorique, opine Niamkey, fait d'Hountondji et Towa « prisonniers de la conception académique dans laquelle la philosophie se couvre de nuées en s'auréolant de la scientificité »[183].

Pour l'*Initiation à la philosophie africaine*, je dois simplifier le langage, car le débat, à ce niveau, renvoie à Louis Althusser[184] posant la question spécifique ayant trait au rapport entre philosophie et science. Ainsi, Niamkey convoquera Platon, Descartes, y compris Kant, devant le tribunal de l'histoire de la philosophie et pour cause, avoir voulu faire de la philosophie une science.

La philosophie n'est pas fondatrice des sciences. A la suite de Louis Althusser, il affirme que « la nature du rapport que la philosophie entretient avec les sciences est un **rapport d'exploitation** »[185]. Ainsi Platon explicitera la mathématique pythagoricienne et Descartes la science physico-mathématique. « Bref, la philosophie comme science est une imposture »[186], déclare Niamkey. Il a raison. Tout discours philosophique sur la science reste et restera philosophique.

Par ailleurs, le philosophe de la Côte d'Ivoire a remis en question la conception selon laquelle la philosophie serait une production intellectuelle privée. S'appuyant sur Gramsci, sans le citer, Niamkey affirme « qu'en vérité, dans l'entremise philosophique, il n'y a pas production privée, mais **appropriation** privée d'un savoir collectivement produit »[187]. Voilà pourquoi Niamkey ne s'indigne pas tout en affirmant que « toute philosophie est un **plagiat** nécessaire de l'opinion »[188].

Nous trouvant dans un contexte du capitalisme marchand, « ce qui fait de la pensée du texte une propriété privée, ce n'est pas la créativité, mais le **contrat d'échange** qui, en attribuant à la pensée un prix, en détermine l'aliénabilité universelle comme marchandise qui rapporte à un individu, en dépit du procès collectif de sa production. Par contre, poursuit Niamkey, dans les sociétés africaines précoloniales, si les pensées même officielles sont marquées du sceau de l'anonymat, c'est moins par absence des penseurs à dire Descartes, Kant ou Hegel que par le mode spécifique tant de la production intellectuelle que de la

---

[183] NIAMKEY Koffi, *Op. cit.*, p. 48.
[184] Cf. L. ALTHUSSER, *Philosophie et philosophie spontanée des savants (1967)*, Paris, François Maspero, 1974.
[185] NIAMKEY Koffi, *Op. cit.*, p. 49. Je souligne.
[186] *Ibidem*, p. 51.
[187] *Ibidem*, p. 59. Je souligne.
[188] *Ibidem*, p. 62. Je souligne.

transmission ou de la diffusion du savoir. Ce n'est pas non plus par l'absence d'écriture »[189].

Par ailleurs, argumente Niamkey, c'est parce que dans les sociétés africaines précoloniales le mode de production était collégial qu'une production intellectuelle n'est rattachée à tel ou tel autre. Ceci étant, « aucun maitre des « écoles » africaines précoloniales dites « sociétés d'initiation » ne saurait se prétendre le dépositaire du savoir dont il a charge de régler la diffusion »[190].

De ce qui précède, Niamkey conclut : tout celui qui dit que la philosophie populaire n'est pas philosophie croyant que celle-ci est une production privée, celui-là fait élision « des deux conditions fondamentales de l'émergence de toute philosophie à savoir : l'appropriation du savoir et les conditions matérielles d'existence. Quel philosophe n'a-t-il pas lu dans les textes et dans les choses ? Et y a-t-il un philosophe ignorant de « l'histoire de la philosophie ? » »[191].

2.2.3.5. Sur la philosophie spontanée et débat sur l'écriture

En outre, Niamkey s'attaque à la critique de Towa et de Hountondji pour qui la pensée africaine précoloniale fait figure de **philosophie spontanée**. Pour Niamkey, Towa et Hountondji interviennent philosophiquement sur la philosophie africaine en la traitant de spontanée. Qu'est-ce à dire ? « C'est par une médiation philosophique qu'elle se « présente » - c'est-à-dire est présentée – comme philosophie spontanée. C'est donc un effet – philosophie, une thèse philosophique, une position qui relève du mépris séculaire des professionnels de la pensée à l'égard des pensées autres »[192]. Cette attitude relève de la lutte pour la domination. Towa et Hountondji, pense Niamkey, prennent position pour les pensées en domination, celle d'une classe, contre les pensées sous domination, celle d'une autre classe.

Peut-on parler de la philosophie en l'**absence de l'écriture** ? Pour Hountondji, la véritable philosophie africaine ne commence qu'à partir du moment où intervient « l'instance du document, de l'archive, de la trace visible, de l'écriture empirique »[193]. Hountondji s'accroche à l'écriture livresque et ignore

---

[189]*Ibidem*, p. 63.
[190]*Ibidem*, p. 64.
[191]*Ibidem*, p. 65.
[192]*Ibidem*, p. 72.
[193] P. HOUNTONDJI, cité par *Ibidem*, p. 96.

qu'il existe plusieurs formes d'écriture, en l'occurrence, l'écriture idéographique, pictographique. L'absence de l'écriture livresque en Afrique précoloniale n'implique nullement, soutient Niamkey, « l'absence d'une tradition philosophique qu'il faut d'ailleurs refuser de penser selon le modèle académique de la tradition historique de la philosophie dite « occidentale »[194]. Niamkey cherche à rompre avec « le **fétichisme du livre** que prisent les rats de la bibliothèque »[195]. L'écriture dans les sociétés africaines précoloniales a bel et bien existé. Les « fétiches », les « amulettes », le « talisman » placés dans des champs pour punir les voleurs et les maraudeurs sont, pour Niamkey, des objets « comparables, voire assimilables à des tables sur lesquelles on lirait cette inscription : « défense de… sous peine de… ». C'est dire qu'ils n'ont d'efficacité qu'en tant qu'instruments de signification, leurs constituants fonctionnant comme signes »[196]. De ce fait, ces objets sont analysables, selon Niamkey, comme « **écriture** » « dans la mesure où ils représentent une forme « cristallisée » d'un discours. En tant que « textes », ce sont des moyens de communication, porteurs d'une « charge » informationnelle, d'un « message » codé »[197]. En effet, ces objets fonctionnent comme « adresse » et comme « signe attitudinal »[198]. Selon Houis, nous informe Niamkey, « une « adresse » est un signe qui nous commande de prendre telle ou telle attitude, tels par exemple les feux de signalisation tricolores… un **signe attitudinal** est un signe qui nous renseigne sur les sentiments de son instigateur »[199]. L' « adresse » et le « signe attitudinal » relèvent d'une technique de communication opérant une fixation du discours. « Et, à strictement parler, précise Niamkey, l'écriture, dans son essence, n'est rien d'autre. Elle consiste dans l'exploitation des possibilités de la perception et se constitue comme langage durable, transportable et conservable »[200]. Comme on le voit, « à côté de la littérature orale, il y a les textes « crypto-grammatique » que l'on a appelés sous l'effet d'une certaine conception du livre : fétiches, statuettes funéraires, objets et gestes liturgiques (rites, sanctuaires), etc., systèmes symboliques où se trouve cristallisée généralement l'idéologie dominante qui considère comme philosophie implicite, collective, inconsciente alors qu'il ne s'agit que d'une philosophie devenue pratique »[201].

---

[194] NIAMKEY Koffi, *Op. cit.*, p. 102.

[195]*Ibidem*, p. 102.

[196]*Ibidem*, p. 103.

[197]*Ibidem*, p. 103.

[198] M. HOUIS, cité par *Ibidem*, p. 103.

[199] NIAMKEY Koffi, *Op. cit.*, p. 103. Note 99. Je souligne.

[200]*Ibidem*, p. 103. Il résume Maurice Houis.

[201]*Ibidem*, p. 117.

De ce qui précède, l'on retiendra que le **palladium** a des éléments constitutifs qui sont à « considérer comme éléments d'une pictographie ou d'un pictogramme dans la mesure où le palladium qui est le « fétiche » est une véritable « pancarte » »[202]. Voilà une argumentation digne de faire apparaitre les voies nouvelles, juge Niamkey, « d'une recherche des philosophes produite dans nos diverses sociétés africaines précoloniales sans laisser régner l'**arbitraire d'une lecture** ou d'une interprétation sans mémoire ni retour »[203].

Le débat sur l'écriture a conduit Niamkey à nous inviter « à sortir de la philosophie les textes écrits. Car l'écriture n'est pas le moteur de l'histoire de la philosophie, contraire à ces pensées, Hountondji [pour qui la philosophie ne peut s'accomplir pleinement que dans une civilisation d'écriture] »[204]. Le moteur de l'histoire de la philosophie, indique Niamkey en bon (?) marxiste est dans « les conflits sociaux, la lutte des classes, le modèle de production, la base/matérielle. Mais heureusement pour nous, ce n'est pas par l'écriture seule que la philosophie peut recevoir une figure matérielle. Car nous pensons que la philosophie n'est pas condamnée à rester une superstructure flottante, mais au contraire elle est appelée, comme l'a bien vu Platon, à prendre corps dans la réalité sociale, ou, comme le disait Hegel, à s'objectiver dans l'histoire »[205].

Pour Hountondji, toute tentative d'explicitation de la pensée africaine comprise comme « implicite » serait une métaphilosophie. Niamkey n'est pas de cet avis. Pour lui, la méta-philosophie relève du mythe « car tout discours sur la philosophie est, non pas métaphilosophique, mais simplement philosophique »[206]. Cela contraint Niamkey à s'insérer dans « le conflit des interprétations » lorsqu'il persiste et signe qu' « il faut donc comprendre qu'aucune interprétation n'est la saisie d'un sens « propre » ou plus propre qu'une autre, mais que « le propre » est seulement l'appropriation du « texte » par une certaine perspective qui lui impose sa loi. C'est dire que du point de vue ontologique, l'interprétation est une évaluation ; or la hiérarchie des interprétations n'est pas fondée sur l'adéquation de la valeur de l'être, c'est-à-dire n'est pas référée à la « vérité de l'être » ou à « l'essence du texte », mais à la noblesse ou à la vilenie de la volonté qui évalue, à son intention, à son but »[207].

---

[202]*Ibidem*, p. 104.
[203]*Ibidem*, p. 104.
[204]*Ibidem*, p. 189.
[205]*Ibidem*, p. 190.
[206]*Ibidem*, p. 114. Ici, encore une fois, Niamkey Koffi est fidèle à Louis Althusser.
[207]*Ibidem*, p. 115-116.

Ayant affirmé qu'il ne peut y avoir de philosophie implique et ayant montré qu'il y a des textes irréductibles aux textes d'écriture phonétique, Niamkey soutient que « la texture symbolique de tels textes implique une herméneutique »[208]. Mais, prévient Niamkey, « **parler d'herméneutique, ce n'est pas supposer une pensée implicite**, mais c'est soit réactiver une pensée déjà pensée, mais réifiée et fossilisée, soit s'efforcer à une « capture » partielle de l'impensé »[209]. De ce fait, ce qu'on appelle « si dédaigneusement » (l'adverbe est de Niamkey) la philosophie collective, implicite ou populaire n'en est pas une. Elle fut une philosophie dominante de son époque, tissant la pratique collective et individuelle. S'inspirant d'Antonio Gramsci, Niamkey affirme qu' « une philosophie ne devient philosophie populaire que dans la mesure où elle bénéficie du **consensus populaire** et cela sous l'action des appareils idéologiques scolaires, religieux, juridiques, familiaux, etc. »[210].

Bref, la philosophie dite collective est celle du « pauvre » d'aujourd'hui et elle n'est rien « au moins qu'un succédané de la philosophie dominante démultipliée, pulvérisée et acceptée acritiquement du groupe hégémonique qui, parce que contrôleur et détenteur des appareils idéologiques diffuses ses idées dominatrices et somnifères en vue d'organiser la subordination des groupes subalternes[211]. Et Niamkey pose une question intéressante : « Comment la philosophie hégémonique dominante obtient-elle le consensus populaire pour se réaliser comme idéologie dominante et par conséquent comme idéologie collective ? C'est que la conscience des masses, c'est-à-dire leur façon spontanée de penser, reste profondément marquée par l'hégémonie intellectuelle du groupe politiquement dominant, car cette conscience des masses est éduquée dans une perspective contraire à leurs propres intérêts du groupe. Dans une telle entreprise, l'école, (les sociétés d'initiation dans les sociétés africaines précoloniales), la famille, la religion et la philosophie sont des appareils décisifs d'hégémonie »[212]. A ce propos, A. Gramsci dit : « Les intellectuels sont les « commis » du groupe dominant pour l'exercice des fonctions subalternes de l'hégémonie sociale et du gouvernement politique, i.e. : du consensus(accord) « spontané » donné par les grandes masses de la population à l'orientation imprimée à la vie sociale par le groupe fondamentalement dominant, consensus qui nait « historiquement » par le prestige (et donc par la confiance) relevant du groupe dominant par sa position et

---

[208]*Ibidem*, p. 105.
[209]*Ibidem*, p. 106. Je souligne.
[210]*Ibidem*, p. 108. Je souligne.
[211]*Ibidem*, p. 108
[212]*Ibidem*, p. 109.

par sa fonction dans le monde de la production »[213]. Et cette tâche revient aux intellectuels organiques. Voilà qui est bien dit.

Puisque Niamkey cherche à en découdre avec Hountondji, il affirme que « l'histoire de la philosophie des manuels est une histoire hégémonique qui consacre et illustre la coupure intellectuels/masses. C'est pourquoi, poursuit-il, la thèse gramscienne selon laquelle « tous les hommes sont philosophes » inaugure une coupure épistémologique qui ouvre des perspectives gnoséologiques nouvelles dans lesquelles la philosophie et les intellectuels officiels quittent leur **narcissisme** pour s'installer franchement et délibérément sur le terrain de la politique où se pose la question du statut de leur production, et celle de la qualité de marchandises que deviennent les idées, le savoir et la culture »[214].

2.2.3.6. Langue de la philosophie africaine

Niamkey n'a pas éludé la question de la **langue de la philosophie africaine** (sixième partie de son livre) : « Quelle est la langue de la philosophie africaine pour faire venir au jour ses présupposés théorique ? ». En effet, parler de la langue de la philosophie africaine ne suppose-t-il pas que la philosophie a sa langue propre et que cette langue philosophique est distincte et différente de la langue ordinaire, de la langue qu'on parle ? D'autre part, pourquoi pense-t-on que la philosophie, pour être, implique nécessairement une langue spéciale ? »[215]. A cette question, Niamkey répond : « Il n'y a pas une langue philosophique, mais un usage philosophique de la langue »[216]. Niamkey, qualifié de « populiste » par Hountondji, reste convaincu que la langue philosophique ne peut se passer de l'existence du langage ordinaire. « Mais pour se démarquer de celui-ci, elle **transfigure** les mots qu'elle lui emprunte en utilisant multiples stratégies d'euphémisation »[217].

---

[213] A. GRAMSCI, *Gli intellectuali e l'organizzazion della cultura*, Torino, Instituto Gramsci, 1975, p. 9. Ma traduction italienne. Je la reconnais de n'être pas parfaite.
[214] NIAMKEY Koffi, *Op. cit.*, p. 111.
[215] *Ibidem*, p. 145.
[216] *Ibidem*, p. 147.
[217] *Ibidem*, p. 157.

2.2.3.7. Qui sont les philosophes africains ?

Qui sont les philosophes africains ? fut une question lancée comme objection contre l'Ethnophilosophie. A ce propos, Hountondji donne sa célèbre réponse : « J'appelle philosophie africaine un ensemble de textes : l'ensemble précisément des textes écrit par les Africains et qualifiés par leurs auteurs eux-mêmes de « philosophiques » »[218]. Est philosophe africain, selon cette citation, l'Africain qui se dit philosophe pour avoir produit un texte qu'il qualifie de philosophique. Niamkey s'est interrogé en ces termes : « Qui nomme qui ? Qui dit ceci est cela ? Que ceci est philosophique ou non ? Et c'est dans l'entreprise taxinomique que se manifeste le mépris de l'autre. Mépris qui consiste à nommer l'autre d'un terme péjoratif renvoie à une différence culturelle qu'on convertit en différence hiérarchique, c'est-à-dire en inégalité »[219]. Ainsi, Niamkey nous invite pour répondre à la question « Qui sont les philosophe africains ? » à « nous décoloniser intellectuellement et [à] **décoloniser la terminologie, le regard et la langue [dont] nous nous servons pour exprimer et expliquer nos sociétés et les faits de culture de nos sociétés** »[220]. Autrement dit, on ne cherchera pas le philosophe africain dans les textes « comme les politiciens, nos philosophes africains d'aujourd'hui sont les philosophes dominants de l'Afrique actuelle, avec cette différence qu'ils n'ont pas d'impact populaire »[221]. Ceci étant, il s'entend que seul celui qui prend la « position élitiste » peut refuser de considérer nos pensées anciennes comme philosophie. Voilà pourquoi, « le terme « vision du monde » est qualificatif que le jugement de la philosophie élitiste confère aux productions intellectuelles des masses en état de subordination. Il faut donc comprendre la notion de « vision du monde » comme un effet-philosophique, un effet métaphilosophique, c'est-à-dire l'effet produit par l'intervention d'une certain philosophie dans la lutte entre les idées »[222].

Niamkey ne manque pas de relever « la valeur de la critique » qu'Hountondji a adressée à l'Ethnophilosophie. Elle « réside dans sa volonté de rigueur scientifique. Le discours d'Hountondji reste **positif** en ce sens qu'il visait le projet platonicien de traquage des simulacres. Ce qu'il veut contester avec raison, c'est une certaine manière de représenter notre « africanité ». D'où sa chute dans le positivisme puisque pour lui, l'Afrique est d'abord un continent. Sans

---

[218] P. HOUNTONDJI, cité par *Ibidem*, p. 180.
[219] NIAMKEY Koffi, *Op. cit.*, p. 181.
[220]*Ibidem*, p. 181. Je souligne.
[221]*Ibidem*, p. 184.
[222]*Ibidem*, p. 184.

doute ! Mais il ne s'agit pas de géographie, mais de philosophie, d'éthique et de politique. Et l'Africanité est une notion essentiellement idéologique et non pas géographique »[223].

En définitive, que reproche Niamkey à Hountondji ? Voici sa réponse : « Or nous pensons qu'il n'a pas su ce que c'est que la pêche, car pour lui, la pêche n'est qu'un art d'acquisition par capture. Le moyen terme (l'écriture) lui faisant défaut, il conclut à l'inexistence du poisson (= la philosophie africaine). Dès lors, il faut cesser de s'adonner à des discours oiseux et abstraits sur l'existence ou la non-existence de la philosophie africaine pour s'engager dans l'étude des systèmes de pensées de nos peuples pour éviter de devenir les victimes des africanités vraisemblantes qui ont pour nom : l'authenticité, la démocratie à l'africaine, le socialisme africain, etc. »[224].

2.2.3.8. Philosophie africaine et recherches pratiques

La conclusion de son livre a pour titre **Le débat sur la philosophie africaine, une fois encore** et il s'agit d'un entretien qu'il avait accordé à Guy Kouakou. Les deux dernières questions retiennent mon attention :

« Guy Kouakou : Ce débat est-il toujours d'actualité ?

Niamkey Koffi : en tant que tel, je ne le crois pas. Aujourd'hui, nous avons formé suffisamment de philosophes qui, avec leurs compétences, peuvent investir le terrain sans tourner en rond dans des débats théoriques.

Guy Kouaku : en quels termes devrait se poser le débat sur la philosophie africaine ?

Niamkey Koffi : Essentiellement en termes de recherches… Ce n'est donc pas en termes de questionnement théorique, mais en termes de recherches pratiques que nous avons à apporter des solutions à la question de la pensée africaine »[225].

Cette section fut longue pour la simple raison qu'elle donne la quintessence de la critique faite à Hountondji et à Towa. Nous nous trouvons devant deux conceptions de la philosophie.

La section suivante sera consacrée à Hountondji II.

---

[223]*Ibidem*, p. 193.
[224]*Ibidem*, p. 194.
[225]*Ibidem*, p. 199.

2.3. Hountondji II ou « le philosophe africain » (terme de Niamkey) authentique

Je dois avouer qu'il n'est pas facile de parler d'Hountondji II pour la simple raison qu'il semble déroutant dans ses différentes déclarations sur la philosophie africaine. Je le résume en ces termes : il a changé le fusil d'épaule sans rendre les armes.

2.3.1. Paulin Hountondji et « L'Effet Tempels »

En 1991, Paulin Hountondji publia dans Encyclopédie philosophique universelle I : L'univers philosophique, un article au titre « inquiétant » *L'Effet Tempels*. Il fait l'éloge de « ce petit livre » - entendez *La philosophie bantoue* - qu'il affirme être « le référent absolu »[226]. En effet, « ce petit livre »connait une seconde lecture révisée. Je laisse la parole à Paulin : « Le contenu du livre, par ailleurs, répond en quelque manière à la promesse du titre : la référence à la philosophie n'est plus simplement allusive, puisqu'elle ne se contente pas de renvoyer, comme chez Dennett, à une profondeur soupçonnée plutôt que constatée, elle n'est pas non plus métonymique, ne désignant pas simplement, comme chez Radin, la nature supposée d'une activité intellectuelle dont on ne s'intéresserait qu'aux producteurs sociaux ; ce qui est donné dans *La philosophie bantoue*, c'est un enchaînement d'idées visant à une systématicité déductive, un corpus de notions et de thèses prétendant à une rigoureuse cohérence. Du même coup devenait possible l'idée qu'on n'a pas seulement affaire ici à une 'philosophie' au sens le plus étroit. La comparaison devenait possible avec la philosophie européenne, une comparaison vouée, dès le départ, à montrer à la fois l'identité générique et les différences spécifiques des deux formes de pensée, tâche que Tempels exécute, ici encore, avec un simplisme génial, en ramenant ces différences à l'opposition, terme pour terme, entre deux formes d'ontologie, fondées respectivement sur une notion statique et une notion dynamique de l'être »[227].

Ainsi, j'ose parler d'**Hountondji II**. Quand Alfons Josef Smet a lu cet article, il s'est réjoui : « Je suis heureux que Paulin Hountondji ait enfin découvert le véritable Tempels. Il suffit de lire son article « L'Effet Tempels »…, pour s'en

---

[226] P. HOUNTONDJI, « L'Effet Tempels », dans *Encyclopédie philosophique universelle I : L'univers philosophique*, deuxième édition, Paris, PUF, 1991, p. 1475.
[227] *Ibidem,* p.1478.

convaincre. Il a consulté enfin d'autres textes de Tempels. J'ai toutefois été étonné de ne trouver, dans cet Effet…, aucune mention de mes études sur Tempels. Il doit pourtant les connaitre comme en témoigne son « Bilan de la recherche philosophique africaine… 1900-1985 ». N'ai-je [Smet] pas encore assez publié sur Tempels »[228], se plaint son collègue Smet. Honnêteté intellectuelle ou reconnaissance intellectuelle oblige !

Charles Romain Mbele rejoint Hountondji quand il invite certains critiques à « reconnaitre l'apport transcendant du tempelsisme à l'éveil philosophique subsaharien »[229]. **L'Effet Tempels** a, en effet, fait naitre une « étoile » dans le firmament philosophique africain. Cette étoile ne va-t-elle pas « pâlir » après ? Je répondrai à cette question dans une autre sous-section.

Toutefois, tout en sachant qu'avant Hountondji un certain E. Possoz insistait « sur le mérite d'une œuvre qui marquait une nouvelle ère dans l'histoire de la colonisation en amenant l'Europe à reconnaitre ses « erreurs ethnologiques passées »[230], Souleymane Bachir Diagne nous invite à Revisiter « La philosophie bantoue » : l'idée d'une grammaire philosophique[231]. Pour lui, « une relecture critique de « La philosophie bantoue » conduit à renouveler la réflexion sur les rapports entre la philosophie et les langues africaines en sortant des impasses de l' « ethnophilosophie » »[232]. Voilà une nouvelle approche de *La philosophie bantoue*. C'est de la philosophie du langage au sens traditionnel : rapport entre la langue et la « vision du monde ».

2.3.2. Avec Hountondji, nous ne sommes pas sortis « de l'auberge de la philosophie africaine »

Je me retrouve avec deux textes d'Hountondji de 2008. Son interview accordée à Valérie Marin la Meslée est du 19 décembre 2008 ; son article Une pensée pré-personnelle. Note sur « Ethnophilosophie et idéo-logique » de Max Augé est de 2008 aussi. Je présume que ce deuxième article est antérieur au premier. Ceci étant, je commence par faire la synthèse de cet article.

---

[228] A.J. SMET, dans M. BUASSA Mbandu, *Op. cit.*, p. 35. Je souligne.
[229] C.R. MBELE, *Le ghetto théocratique*, Paris, L'Harmattan, 2017, p. 16.
[230] S.B. DIAGNE, « Revisiter « La philosophie bantoue » : l'idée d'une grammaire philosophique », dans *Politique africaine*, n° 77, mars 2000, p. 45 (44-55).
[231] Titre de son article.
[232] S.B. DIAGNE, « Revisiter « La philosophie bantoue » : l'idée d'une grammaire philosophique », dans *Politique africaine*, n° 77, mars 2000, p. 44.

2.3.2.1. La seconde « Conversion d'Hountondji »

Marc Augé est défenseur de « l'idéo-logique », c'est-à-dire la logique des représentations collectives des communautés lagunaires dont les Alladian, les Avikam et les Ebrié de Côte d'Ivoire.

La rencontre d'Hountondji avec Marc Augé a conduit Paulin à cette autocritique : « Je crois qu'au fond ma querelle avec Tempels était pour une part une querelle des mots. Je n'aurai probablement pas été, à ce point, piqué au vif… J'avais de la philosophie une idée trop exigeante pour admettre qu'on puisse philosopher à la place d'autres personnes ou, inversement, se réfugier paresseusement derrière une philosophie collective. J'allais très loin, et probablement trop loin dans ce sens… J'allais jusqu'à rejeter l'idée d'une pensée collective »[233]. Hountondji lira cette pensée de Marc Augé et il affirmera que Marc a « parfaitement » raison : « S'il n'y a pas de « vision du monde » collective commune à un ensemble d'individus au moins peut-être on se demande comment qualifier les croyances auxquelles certains d'entre eux se réfèrent explicitement et dont chacun d'eux doit tenir compte dans son existence quotidienne. Si les termes « vision du monde » et « collective » ne sont pas pertinents, encore peut-on s'interroger sur la nature et la cohérence des croyances, sur l'inégale connaissance qu'en ont les uns et les autres, sur les responsabilités différentes qu'ils exercent dans leur mise en œuvre, leur diffusion et leur reproduction »[234]. La critique faite par Niamkey à Hountondji ne rejoint-elle pas cette affirmation de Marc Augé ? Hountondji reconnait que « l'étude de Marc Augé permet de relire d'un œil nouveau un ouvrage comme Dieu d'eau de Marcel Griaule (1948), voire La philosophie bantoue de Tempels, et plus généralement toutes les tentatives de restitution des systèmes de pensée africains… Marc Augé invite à reconstituer « l'idéo-logique », c'est-à-dire la logique des représentations collectives »[235].

Voilà pourquoi Hountondji, après avoir « relu d'un œil nouveau », dira que « dans un contexte politique, social et idéologique où prévalaient encore tous les préjugés coloniaux sur l'homme noir censé sans culture, incapable de raisonner de façon cohérente, instinctif, impulsif, incapable de maitriser ses émotions, *La philosophie bantoue* pouvait apparaitre, et est effectivement apparue, comme une puissante tentative de réhabilitation, une défense et illustration de la culture nègre.

---

[233] P. HOUNTONDJI, « Une pensée pré-personnelle : Note sur « Ethnophilosophie et idéo-logique » de Max Augé », dans *L'homme*, n° 185-186, 2008. Spécial sur *L'anthropologue et le contemporain : autour de Max Augé*, p. 346. Je souligne.

[234] M. AUGE, cité par *Ibidem*, p. 346-347. Je souligne.

[235] P. HOUNTONDJI, *Art. cit.*, p. 357. Je souligne.

Alioune Diop (1949) l'a lue ainsi »[236]. Ceci étant, Hountondji « pèsera » sur la « balance contextuelle » la critique politique « cinglante » d'Aimé Césaire et il écrira : « Il faut parier que Tempels lui-même était de bonne foi et n'avait pas conscience de ces graves implications de son discours [surtout que la mauvaise traduction parle de « notre mission civilisatrice » en lieu et place de « La philosophie bantoue et nous, les civilisateurs]. Du reste, ici encore, les travaux du Père Smet obligent à corriger l'image de l'homme qui pouvait se dégager de cette lecture »[237]. Bref, s'explique Hountondji, cette restitution du contexte politique dans lequel Tempels a écrit, oblige « à une lecture indulgente de La philosophie bantoue »[238]. Cette honnêteté scientifique fera dire à Hountondji que « ce qui est sûr, en tout cas, c'est que *La philosophie bantoue*, replacée dans le contexte de la longue carrière de l'auteur, apparait rétrospectivement comme **un accident de parcours** »[239]. *La philosophie bantoue* est-elle **un accident** de parcours comme le prétend Hountondji ? L'entretien de Smet à laquelle je me réfère est de 1997. J'espère qu'Hountondji l'a lue. Au cas contraire, ce passage de Smet pourrait l'aider à retirer son expression **« un accident de parcours »** : « Mes [Smet] rencontres avec Tempels vivant m'ont fait connaitre davantage l'homme et son œuvre, et l'importance de ses conceptions sur la catéchèse qui sont à l'origine de son entreprise d'écrire une philosophie bantu. Cette philosophie bantu n'était pour Tempels qu'**une étape** »[240]. **Etape** et non « un accident de parcours ».

Hountondji termine son article par une prise de position qui semble déroutante : « **Sur un point essentiel**, cependant, je n'ai pas changé d'avis (...). La tâche du philosophe ne saurait se limiter, logiquement ou, pour reprendre les termes de Niamkey, « l'articulation logique de la pensée » de sa société (...) »[241]. **Alors sur quel point a-t-il changé d'avis ?**

Son Maître Louis Althusser a dit : « Un philosophe ne se trompe jamais ! »[242]. Et pourtant, pendant l'hiver 1983-1984, il accorda des entretiens à Fernanda Navarro dans lesquels il reconnait avoir « fabriqué une philosophie « imaginaire pour Marx, une philosophie qui n'existe pas dans son œuvre- si l'on

---

[236] *Ibidem*, p. 345.
[237] *Ibidem*, p. 349. Je souligne. Père Smet peut se calmer car Paulin Hountondji vient de « rendre » sa dette de reconnaissance. C'est important, car il est bon d'être « loué » pour ses travaux pendant que l'on est vivant.
[238] *Ibidem*, p. 349.
[239] *Ibidem*, p. 350. Je souligne.
[240] A.J. SMET, dans M. BUASSA Mbandu, *Op. cit.*, p. 44. Je souligne.
[241] P. HOUNTONDJI, *Art. cit.*, p. 359. Je souligne.
[242] L. ALTHUSSER, *Op. cit.*, p. 18.

s'en tient strictement à la lettre de nos textes »[243]. Il reconnait cette erreur et « ce qui a été déterminant, je l'ai déjà dit, ce furent les recherches de Bidet, qui apportent un éclairage nouveau sur l'œuvre de Marx »[244]. Alors, le philosophe, comme tout homme, se trompe. Que dire de Paulin Hountondji ? Comme philosophe, Hountondji avance masqué comme le lui recommande R. Descartes. Que retenir alors ? Ce qui suit : « Une meilleure connaissance de nos « philosophies » [mis en guillemets par l'auteur] de nos systèmes de pensée traditionnels et des logiques cachées qui les sous-tendent, reste indispensable, aujourd'hui comme hier. Elle ne doit plus nous conduire à l'autosatisfaction ou aux revendications d'un nationalisme culturel dépassé, mais à une plus grande lucidité pour faire face, de manière plus avisée, aux interrogations et aux tâches du présent »[245]. **Voilà qui est bien dit.**

2.3.2.2. Hountondji de nouveau face à l' « Ethnophilosophie » : le mot et la chose

Je ne sais pas dater l'article « Ethnophilosophie » : le mot et la chose. Est-il de 2012 ? Une chose est sûre : il est apparu après Une pensée pré-personnelle… de 2008, car dans sa liste bibliographique apparait cet article.

Dans *Une pensée pré-personnelle : Note sur « Ethnophilosophie et idéologique » de Marc Augé*, Paulin Hountondji a présenté les raisons qui l'ont rendu « si allergique au modèle d'analyse proposé dans *La philosophie bantoue* du Père Tempels »[246]. J'en retiens trois : « Le titre du livre promettait plus que n'offrait son contenu. Titre publicitaire s'il en est. Titre à sensation (…) ce que je [Paulin] supportais encore moins, c'était de voir comment un nombre croissant d'intellectuels, en Afrique centrale et ailleurs sur le continent avaient cru devoir relever précisément ce défi en se consacrant, à leur tour, à une reconstitution qu'ils voulaient plus exacte, du système de leurs pensées (…). Je ne pouvais toutefois me satisfaire de ce changement de paradigme, dès lors que le statut de l'enquêté restait le même et que l'enquêteur, en le réduisant au silence, se faisait son porte-parole incontournable pour philosopher à sa place et exprimer, mieux qu'il ne pouvait le faire lui-même, ses pensées les plus profondes »[247].

---

[243] IDEM, *Sur la philosophie*, Paris, Gallimard, 1994, p. 37.
[244] *Ibidem*, p. 37.
[245] *Ibidem*, p. 18.
[246] P. HOUNTONDJI, *Art. cit.*, p. 344.
[247] *Ibidem*, p. 344-346.

Ces raisons étant données, Hountondji a pris l'initiative de nous informer : « Il faut maintenant lever une équivoque : le mot « ethnophilosophie » ne vient ni de Towa, ni de moi. En ce qui me concerne, j'ai cru devoir le forger dans la foulée d'une critique de Tempels. Je ne me suis pas souvenu, sur le coup, que j'avais déjà rencontré ce mot dans mes lectures, sous la plume d'un auteur qui était loin de l'employer dans un sens péjoratif »[248], et ce, depuis 1943. Hubert Mono Ndjana nous renseigne que c'est au cours du colloque de philosophie organisé à l'Ecole normale Supérieure de Yaoundé en 1983 que Paulin Hountondji s'en est expliqué[249]. Ce concept n'est pas de la plume d'Albert Doutreloux en 1960 et 1961 comme le prétend Irung Tshitambal[250].

Le concept ethnophilosophie est un concept polémique reconnait Hountondji. Par ce concept, « lancé à la cantonade, [Hountondji voulait] ainsi exprimer une déception »[251]. Il ne fut pas le seul à être déçu. Ils sont nombreux, dont Marcien Towa[252]. Résumé par Hountondji, Towa a opposé à la « philosophie proprement dite cette discipline hybride, à cheval sur l'ethnophilosophie et la philosophie qui n'est franchement ni l'une, ni l'autre : l'ethnophilosophie »[253]. Pour Hountondji, la critique de Towa est percutante, car elle reproche à Tempels et à Kagame la « dilatation » extraordinaire du concept de philosophie, compris pratiquement comme synonyme de culture… D'autre part et surtout, la méthode des auteurs en question n'est pas claire »[254]. Bref, résume Hountondji, Towa leur reproche, sous le vocable d'ethnophilosophie, la confusion des mots, « le glissement subreptice d'un discours descriptif à un discours apologétique, cette sorte de mauvaise foi qui consiste à faire endosser par les ancêtres et la culture collective ses propres opinions, en croyant échapper ainsi à l'obligation de les justifier, de les fonder »[255]. Hountondji pense qu'il allait plus loin dans sa critique

---

[248] *Ibidem*, p. 352.

[249] Cf. H. MONO Ndjana, *La philosophie négro-africaine. Essai de présentation générale*, p. 205. Note 292.

[250] Cf. IRUNG Tshitambal'a Mulang, « Essai sur l'histoire et la problématique de l'ethnophilosophie en philosophie africaine », dans *Archives de Philosophie Africaine* (APHA) n° 1, 1978-1979, p. 17-41. Cet article est intéressant à lire.

[251] P. HOUNTONDJI, « Ethnophilosophie » : le mot et la chose [en ligne] *https://pdfslide.net* (page consultée le 15 mars 2018), p. 1.

[252] Cf. M. TOWA, *Essai sur la problématique philosophique dans l'Afrique actuelle*, Yaoundé, clé, 1971.

[253] P. HOUNTONDJI, « Ethnophilosophie » : le mot et la chose, p. 1.

[254] *Ibidem*, p. 2.

[255] *Ibidem*, p. 2. Je signale en passant que Tshiamalenga Ntumba, dans son article « *Qu'est ce que la philosophie africaine ?* » publié en 1977 dans *La philosophie africaine*. Actes de la première semaine philosophique de Kinshasa, a fait cette remarque ou considération : « Les contextes d'emploi du mot « philosophie », en Occident, sont tels qu'il est impossible d'y voir le

par rapport à Towa, car il mettait en cause et la méthode et l'objet. *La philosophie bantoue* de Placide Tempels avait une méthode hybride et était une étude sans objet, car la « philosophie africaine » entendue comme système de pensée collectif, était à « ses yeux » un mythe, une invention du « savant exégète » qui entreprenait de la reconstituer. Tempels présentait « sa propre philosophie à lui » et non celle des Bantu.

Ayant compris qu'avec ses critiques, il était peut-être « allé trop loin »[256], Hountondji comprend « parfaitement que Towa ait cru devoir se démarquer d'une position aussi extrême en publiant, peu après son célèbre Essai, une sorte de rectificatif ou de mise au point sous le titre : *L'idée d'une philosophie négro-africaine* (Towa, 1979). L'esprit critique n'est le monopole d'aucune culture. Il est à l'œuvre aussi bien dans les littératures orales d'Afrique noire que dans les plus hautes spéculations de l'Occident. En ce sens oui, la philosophie n'existe pas dans l'Afrique précoloniale. C'est ce que notre collègue a cru devoir rappeler avec insistance, de manière à prévenir tout malentendu sur le sens et la portée de sa critique de l'ethnophilosophie »[257]. Voilà Marcien Towa II. A retenir. Hountondji continue à présenter Marcien Towa II : « En somme, après s'être employé à délégitimer la revendication post-coloniale d'une philosophie africaine déjà-là, il découvre à son tour, dans la littérature orale africaine, à défaut d'une philosophie constituée et d'une doctrine particulière qu'il faudrait à tout prix défendre et promouvoir, ce qui lui parait la condition première de toute philosophie en

---

nom [souligné par l'auteur] d'une activité intellectuelle qui soit réductible à un commun dénominateur. « Philosophie » s'applique aussi bien aux apophtègmes, sentences et mythes des présocratiques et d'autres penseurs Occidentaux qu'aux écrits hautement techniques des anciens, des médiévaux, des modernes et des contemporains. Le mot « philosophie » n'est donc pas à prendre comme le « **nom** » [souligné par l'auteur] d'**une substance chimique** [souligné par l'auteur] univoque. Cette circonstance en autorise donc un emploi souple mais correct fondé sur l'histoire de la philosophie. Il s'en suit qu'il n'y a pas de **lapsus linguae** à étendre l'usage du mot à des contextes analogues et situés en dehors de l'Occident : en Asie, ou en Afrique » (p. 42). Et il se pose une question à Hountondji et à Towa : « Fait-on de l' « ethnophilosophie » en étudiant le poème parménidien ou tel mythe présocratique ? Un Paul Ricœur, étudiant la symbolique du mal attestée par la tradition judéo-chrétienne, est-il, pour autant, un éthnophilosophie ? Si oui, alors toute philosophie de restitution herméneutique est, à la limite, de l'ethnophilosophie, et le mot devient « inconscient » » (p. 45). Et il finit par cette affirmation : « Que toute restitution herméneutique, comporte, pour l'herméneute, toujours en même temps le danger de « projeter » sa propre philosophie derrière celle qu'il interprète, c'est ce qui n'échappe à personne. L'on peut même reconnaitre que ce danger est insurmontable (…). Par ailleurs, une pensée ne cesse pas d'être une pensée du seul fait qu'elle n'est pas écrite, encore moins signée » (p. 45).

[255]*Ibidem*, p. 2.

[256] *Ibidem*, p. 2.

[257] *Ibidem*, p. 2. Je souligne.

générale : l'esprit philosophique, entendu comme aptitude à se distancer de l'esprit et à le relativiser »[258]. Towa a rebroussé chemin après avoir entendu d'autres sons de cloches dont ceux de Niamkey Koffi et de Tshamalenga Ntumba sans oublier, sans doute, ceux de ses collègues professeurs camerounais.

2.3.2.3. Paulin Hountondji le « sophiste » ou le « paralogiste »

Après avoir présenté Towa II, Hountondji déclare : « Ma démarche était passablement différente. A mes yeux [aveugles ?], il ne suffisait pas de montrer l'universalité de l'esprit critique, et grâce à elle, la possibilité d'une philosophie africaine »[259]. Il a constaté l'existence réelle d'un corpus philosophique avec « ses mérites et ses insuffisances, sa grandeur et sa misère »[260]. De quel corpus philosophique s'agit-il ? Voilà qui le conduit, en guise de réponse, à lâcher cette affirmation : « J'appelle **« philosophie africaine »** un ensemble de textes : l'ensemble, précisément, des textes écrits par des Africains et qualifiés par leurs auteurs eux-mêmes de philosophique »[261]. Cette définition de « philosophie africaine » a suscité, *illico*, la polémique. Elle date de son article de 1970. C'est en 2012 (?) que Paulin Hountondji persiste et signe que c'est **« sans le vouloir »** (p.3) qu'il a suscité la polémique. Pourquoi ?

Il s'explique : « **On a cru lire** dans cette explication le signe d'une exclusion des textes oraux et comme l'indice d'une fétichisation de l'écriture »[262]. Hountondji semble nous prendre, nous lecteurs, pour des « imbéciles = sans béquilles, ici, sans yeux et lunettes pour bien lire ». Est-il conscient qu'il fait le sophisme ou est-il tombé dans le paralogisme ? Je tiens pour sophiste celui qui, de mauvaise foi, « ment » tout en sachant qu'il ment pourvu qu'il « convainque ». Tombe dans le paralogisme, celui qui « ment » de bonne foi en ne sachant pas qu'il ment, et ce malgré lui. Revenons à Hountondji : dans plus d'un écrit, il parle de l'écriture ou des textes écrits. Plus d'une fois, Niamkey Koffi et tant d'autres lui reprochent de la fétichisation de l'écriture. A la suite de Jacques Derrida, Niamkey l'accuse d'avoir réduit « l'écriture à l'écriture livresque »[263] et pour le convaincre, Niamkey l'a renvoyé à plusieurs formes d'écriture utilisées dans les

---

[258] *Ibidem*, p. 2. Je souligne.
[259] *Ibidem*, p.3.
[260] *Ibidem*, p. 3.
[261] *Ibidem*, p. 3. Souligné par l'auteur.
[262] *Ibidem*, p. 3. Je souligne.
[263] NIAMKEY Koffi, *Op. cit.*, p. 99.

sociétés africaines précoloniales[264]. Quand Hountondji écrit qu'**on a cru lire ou voir** dans sa définition une exclusion des textes oraux, il le sait, sauf amnésie de sa part, qu'il excluait les textes oraux. Au nom de quoi a-t-il reproché à *La philosophie bantu* d'avoir utilisé une « méthode hybride » et d'être une « étude sans objet » ? Question oratoire !

Par ailleurs, Hountondji écrit : « **On y a vu en outre** une manière bien curieuse d'identifier un texte comme philosophique en le référant simplement à l'intention déclarée de l'auteur, comme s'il suffisait de s'autoproclamer philosophe pour l'être »[265]. Hountondji, c'est toi qui l'as écrit et les autres n'ont fait que tirer la conclusion que tu réfutes aujourd'hui suite aux critiques qui te poursuivront comme ton ombre. Tu défends aujourd'hui ton texte, car tu ne le veux pas « orphelin ». Est-ce de cette façon, qui relèverait du sophisme, qu'il faut le faire ? *Quaeretur* ! (That is the question !).

Hountondji ne veut jamais rendre les armes : « A vrai dire, cependant, la question de l'écriture n'était pas directement posée dans cette phrase. On pouvait y remplacer « écrire » par « produire » et lire simplement : « l'ensemble des textes produits par des Africains », qu'il s'agisse des textes écrits ou oraux »[266]. A vrai dire, Hountondji dit-il « vrai » ? L'écriture n'était-elle pas directement posée dans cette phrase produite ou écrite au nom du rejet de l'oralité sur laquelle ses « adversaires d'idées » se basaient pour parler de la philosophie africaine précoloniale ? Towa II ne l'a-t-il compris pour rendre ses armes ? Que Hountondji dise clairement, distinctement et à haute voix sans se masquer : « Je viens de revoir à la hausse ma phrase et je redéfinis la philosophie africaine comme l'ensemble des textes produits par des africains, qu'il s'agisse des textes écrits ou [et] oraux ». Si Hountondji parlait ou écrivait de la sorte, on aura à faire ce constat : le combat cessa faute des combattants ! Honnêteté intellectuelle oblige !

Malgré cette mise au point, Hountondji, comme rattrapé par « les crampes ethnophilosophiques » revient à l'oralité qui « ne saurait à elle seule instituer une tradition et donner à une discipline au sens strict du mot ». Je le lui concède, mais l'expression « au sens strict du mot » reste collée à son palais scientifique. Qui la dissoudra ? Niamkey ? je ne le pense pas car il semble ne plus le lire. Qui alors ? Laissons le temps au temps et Hountondji finira par perdre la « balance –étalon » sur laquelle il « pèse » et « note » après « au sens strict du mot ». Oui, l'oralité a

---

[264] Cf. *Ibidem*, p. 102-104. Je tiens à signaler que l'ouvrage de Niamkey est de 2018, mais il reprend tous ses anciens écrits publiés sur les controverses portant sur la philosophie africaine.
[265] P. HOUNTONDJI, « Ethnophilosophie » : le mot et la chose, p. 3. Je souligne.
[266] *Ibidem*, p. 3

ses limites et cela vaut aussi pour l'écriture. Mais continuer à persister et à signer, et à mettre sa tête à couper par cette sentence : « On devra toujours, malgré tout, reconnaitre les limites de l'oralité [personne ne vous le conteste] et le rôle incontournable de l'écrit comme conditions de la formation et de la consolidation d'une tradition critique [sur ce point Niamkey Koffi, Towa II, et tant d'autres ne marchent plus avec toi »[267], relève du « daltonisme » philosophique, et tout ce que cela implique.

Hountondji reste convaincu que sa « phrase » ou définition avait un second malentendu, facile à lever, selon lui. Il confesse : « Les mots utilisés étaient probablement gauches, maladroits »[268]. Ils servaient de « repérage empirique » pour que les discours se qualifient eux-mêmes de leur prétention à être philosophiques. Voilà pourquoi Hountondji se défend ou argumente sophistiquement : « Le plus important par contre, dans cette définition liminaire, c'était trois petits mots qui semble avoir échappé à l'attention de mes critiques : la philosophie africaine, c'était, à mes yeux [aveugles ou daltoniens ?] la philosophie faite **par des Africains** [voilà les trois petits mots]. On était désormais à mille lieues d'une philosophie attribuée aux Africains par des experts Occidentaux ou par des experts africains discutant avec leurs pairs occidentaux de l'Afrique-Objet, alimentant à loisir le discours savant des africanistes, on est passé à l'Afrique-sujet. Aux lieux et place d'un système de pensée attribué avec plus ou moins de vraisemblance, et au terme d'une reconstitution laborieuse, à une Afrique imaginaire parlant d'une seule et même voix, on rechercherait désormais le discours pluriel de l'Afrique réelle, dans sa diversité et ses contradictions »[269]. A mon humble avis – avis discutable et non dogmatique-, les trois petits mots, à savoir **par des Africains**, posent problème dans la définition de la philosophie africaine. Les écrits de Placide Tempels et d'Alfons Josef Smet font partie de la philosophie africaine sans que Tempels et Smet soient des philosophes africains. Par ailleurs, l'Afrique –Objet et l'Afrique-Sujet existe toujours. Les travaux scientifiques sont là. « L'Afrique imaginaire parlant d'une seule et même voix » me semble être une « extrapolation ». Tout celui qui parle de l'Afrique, africain soit-il, en parle à partir d'un lieu théorique et pratique donné. C'est en cela que l'on pourra parler d'une Afrique imaginaire quand c'est un africaniste qui en parle ? Dire qu'elle parle d'une seule et même voix, revient à nier à l'Afrique préconloniale l'esprit critique dont Niamkey et Towa II ont parlé. L'unanimisme

---

[267] *Ibidem*, p. 3.
[268] *Ibidem*, p. 3. Je souligne.
[269] *Ibidem*, p. 3.

n'a plus droit de cité quand on se retrouve avec des proverbes qui se contredisent. Le discours pluriel de l'Afrique –tout court- dans sa diversité et ses contradictions est toujours à promouvoir, dire qu'il n'a jamais existé, serait une exagération abusive. Loin de moi de nier l'apport des critiques d'Hountondji. Mais reconnaissons que Placide Tempels a des disciples de droite (ceux qui ont poursuivi et poursuivent les travaux initiés par Tempels et les critiques des critiques) et de gauche (les critiques dont Hountondji I). Cependant, il y a des maisons ou des courants dans le royaume de la philosophie africaine.

Peut-on dire que les critiques d'Hountondji ont rendu possible « ce nettoyage préalable qui dégageait l'horizon et faisait voler en éclats les limes d'une pensée que l'on croyait close [?]. Les travaux remarquables de Smet, Nkombe Oleko, Claude Sumner, Théophile Obenga, Grégoire Biyogo et d'autres encore témoignent, sans le dire, de cet effet libérateur de la critique de l'ethnophilosophie » ?[270]. Hountondji a une haute idée de lui-même, mais il a oublié de se poser cette question : Que serait Paulin Hountondji sans Placide Tempels ? Qui le connaitrait en dehors de ses auditoires ? Mes questions sont mal posées : l'histoire humaine n'est pas linéaire. Elle set spirale. Certaines conditions et circonstances, y compris les modes de productions, font que ceci apparaisse ici et cela là. Les Tempels et les Hountondji sont les fils de leur temps et époques et les circonstances (hasard ou nécessité ou les deux à la fois ?) ont voulu que *La philosophie bantu* apparaisse à un moment donné, dans un lieu donné, bref dans un contexte donné pour que Tempels, Crahay, Hountondji, Niamkey aient leurs rôles sur la scène de la philosophie africaine qui a l'âge du premier homme africain. De ce fait, Hountondji doit mettre un peu d'eau dans son verre de vin philosophique afin d'éviter l' « ivresse » philosophique en se considérant comme incontournable, car il n'est pas Robinson, seul sur l'île. Et même quand on se croirait seul sur l'île, cela relèverait de l'illusion : on est toujours nombreux de par son code génétique provenant des parents, des habits, des ustensiles de cuisine fabriqués par les autres, etc. Marx dirait qu'un autre qu'Hountondji aurait joué son rôle.

En outre, le concept de « nettoyage préalable » est hyperbolique. Qu'en dira Niamkey ? « Sans le dire » est une autre expression très forte. Smet se sent plus lié à Tempels qu'à Hountondji dans son entreprise d'écrire l'histoire de la philosophie africaine. Sans Hountondji, Claude Sumner, Théophile Obenga et *tutti quanti* n'auraient-ils pas écrit sur la philosophie africaine ? Doit-on parler de l' « **Effet**

---

[270] *Ibidem*, p. 4.

Hountondji » comme Hountondji parle de l' **« Effet Tempels »** ? Question ouverte !

2.3.2.4. Hountondji II et la réhabilitation de l'Ethnophilosophie

N'ayant pas inventé le mot et la chose « ethnophilosophie », Hountondji et Towa ont un mérite : « Notre originalité a été d'appliquer le mot à la chose, dans le mouvement même par lequel nous la déclarions globalement suspecte, donnant ainsi à ce mot, du même coup, une connotation péjorative qu'il n'avait pas au départ »[271].

Ceci étant, Hountondji II se donne pour tâche de s'expliquer et de réhabiliter l'ethnophilosophie.

Ayant mis un peu d'eau dans son verre de vin philosophique, Hountondji avance à découvert : « Ce qui apparait comme un « pré-concept » par rapport au penseur individuel peut être bel et bien, par rapport à la culture collective, un concept activé, rigoureusement articulé à d'autres concepts. On a ainsi affaire à un système de pensée pré-personnel, un héritage que le penseur actuel n'invente pas mais reçoit d'abord passivement, tel un legs intellectuel dont il n'est pas lui-même d'emblée conscient »[272]. Convaincu d'une telle affirmation, Hountondji donnera à l'ethnophilosophie la mission de rendre conscient ce legs inconscient et dira que le vocable « philosophie » dans Ethnophilosophie est employé dans un sens très général pour désigner la composante intellectuelle d'une culture que l'on se contente de décrire ou de restituer sans prétendre en aucune façon la légitimer, à la différence de la philosophie *stricto sensu* qui s'entend comme une discipline rigoureuse, exigeante, toujours soucieuse de justifier ses affirmations »[273]. Jusque-là nous ne sommes pas sortis de l'auberge hountondjienne. Cette définition de la philosophie stricto sensu ne nous montre pas son étalon ou mieux sa balance-étalon pour peser et noter ce discours qui relève de la philosophie *stricto sensu*. Tshiamalenga Ntumba, en son temps, a pris F. Crahay comme « maitre à penser » à Hountondji et dit qu' « ils [F. Crahay, P. J. Hountondji, M. Towa, etc.] parlent tous d'une définition absolutiste, dogmatiste, idéalisante et donc utopiste de « la » philosophie… Qu'y a-t-il d'autocritique chez Hegel, chez Schopenhauer… ? Quant à Kant, ce maitre de la critique, est-il radicalement critique et autocritique ?

---

[271] *Ibidem*, p. 6.
[272] *Ibidem*, p. 6.
[273] *Ibidem*, p. 6.

A-t-il jamais critiqué son « sujet transcendantal » ? (…). Ainsi pour avoir négligé de « décoller » à partir des philosophies historiquement attestées, Crahay et ses disciples sont en l'air : leur « concept » de philosophie est et ne sera sans doute jamais qu'une mythologie : « la » [souligné par l'auteur] philosophie n'existe et n'existera jamais que dans leur esprit, à moins qu'ils ne consentent, un jour, à réfléchir sur le fait que non seulement toute philosophie est historique mais que, en outre, l'histoire ne nous offre jamais que des philosophies de niveaux divers »[274].

Revenons à Hountondji qui définit, à présent, l'ethnophilosophie comme « l'étude des représentations collectives dans une société donnée, ou plus exactement, en suivant une suggestion de Marc Augé, l'étude de la logique des représentations collectives, l'étude de « l'idéo-logique » d'une société donnée. Une telle étude est décisive lorsqu'on a affaire à des sociétés dites sans écriture, ou plus exactement, comme l'écrit Maurice Houis, à des « civilisations de l'oralité » »[275].   De cette définition, Hountondji conclut : « Voilà pourquoi, justement, on est tenté de prendre l'ethnophilosophie pour la philosophie des sociétés orales. L'ethnophilosophie devient ainsi la philosophie du pauvre. Plus exactement, étant l'étude des « idéo-logiques », **on est tenté** d'y voir l'étude de ce qui, dans les civilisations de l'oralité, peut être considéré comme l'équivalent exact de ce qu'on appelle en Occident, la philosophie. Mais, il faut convenir qu'en fait, l'idéo-logique n'est pas le monopole des sociétés orales, et qu'il y a lieu d'étudier aussi les représentations collectives des sociétés de l'écrit. L'Ethnophilosophie apparait alors comme l'étude des systèmes de pensée collectifs en générale et pas seulement ni forcément dans les sociétés orales »[276].

Hountondji écrit : **« On est tenté ».** Qui est tenté ? **On** sans doute. Qui est **On** ? Est-ce Hountondji lui-même, Niamkey Koffi ou Marc Augé ? En lisant toute la citation, je me rends compte que le **On** n'est rien d'autre que Paulin Hountondji. Il ferait mieux de dire : **« Je suis tenté de … ».** Pourquoi se masquer ? Il me répond : « Puisqu'il est possible d'étudier aussi les représentations collectives dans des sociétés disposant par ailleurs d'une tradition philosophique écrite, la tentation signalée plus haut s'évanouit d'elle-même, et l'ethnophilosophie est remise à sa juste place »[277]. Ouf ! **L'ethnophilosophie retrouve ses lettres de noblesse jadis confisquées.** Je peux contempler Hountondji : « Pour en revenir à mon itinéraire

---

[274] TSHIAMALENGA Ntumba, *Art. cit.*, p. 44.
[275] P. HOUNTONDJI, « « Ethnophilosophie » : le mot et la chose », p. 6-7.
[276] *Ibidem*, p. 7. Je souligne.
[277] *Ibidem*, p. 7. Je souligne.

personnel, voici plus de vingt-cinq ans que je me vois confronté à cette réalité incontournable de l'impensé collectif »[278]. Et il « chute » sans se blesser : « Cartésien jusqu'au bout des ongles, est peut-être, dans un sens plus cartésien que Descartes, je voyais dans cet impensé un véritable défi dont le seul intérêt était, somme toute, de provoquer par contre coup une pensée responsable qui le mettrait en cause, ou en d'autres termes, de mettre à nu **ce contre quoi** (souligné par l'auteur) une véritable philosophie pouvait s'élaborer. Peut-être faut-il maintenant aller plus loin. La pensée même la plus personnelle est portée par une histoire qui la déborde de toutes parts. Et cette histoire n'est pas qu'individuelle, elle est d'abord collective. Il faut donc, dans un sens, renverser les perspectives, et considérer l'individu comme un détail au regard de cette pensée pré-personnelle qui le porte, au regard de la tradition, au regard de la culture. On ne fait ainsi, cependant, que déplacer le problème. Car, une fois reconnus, ces déterminants culturels et leur impact profond sur la personnalité, on peut s'empêcher de reconnaitre qu'à un certain niveau la tradition elle-même plurielle et propose toujours, de ce fait, un vaste éventail de possibilités qui oblige l'individu à se déterminer à son tour, le plaçant ainsi, toujours et encore, devant une incontournable responsabilité »[279]. Ainsi parla Paulin Hountondji II.

2.4. CONCLUSION

Je pense qu'il était nécessaire de bien m'étendre sur Niamkey Koffi et Paulin Hountondji pour bien saisir la quintessence des débats sur l'ETHNOPHILOSOPHIE et pour bien suivre l'évolution de la pensée de Marcien Towa et de Paulin Hountondji sur la philosophie africaine. De ce fait, j'invite tous ceux et celles qui parlent de la problématique de la philosophie africaine de suivre l'itinéraire des philosophes « majeurs » sur telle ou telle question de la philosophie africaine.

Comme on peut le remarquer, ce chapitre est long car il constitue, selon moi et cela est discutable, le « noyau dur » de la philosophie africaine contemporaine.

---

[278] *Ibidem*, p. 7.
[279] *Ibidem*, p. 7.

CHAPITRE TROISIEME :

D'AUTRES ASPECTS DE LA PHILOSOPHIE AFRICAINE

3.0. INTRODUCTION

Ce chapitre s'appesantira sur certains aspects de la philosophie africaine qui s'énoncent sous la forme interrogative : quelle est la langue appropriée pour la philosophie africaine ? Qui est philosophe africain ? Et quels sont les courants de la philosophie africaine ?

3.1. QUELLE EST LA LANGUE APPROPRIEE POUR LA PHILOSOPHIE AFRICAINE ?

Le débat sur la langue appropriée pour la philosophie africaine ne date pas d'aujourd'hui. Paulin Hountondji, dans une interview accordée par courriel à Valérie Marin la Meslée, le 19 décembre 2008, nous renseigne que « l'une de ses [Kwasi Wiredu] préoccupations récurrentes concerne ce qu'il appelle la ' **décolonisation conceptuelle'.** Celle-ci passe par la réhabilitation des langues africaines. A force de penser dans les langues européennes, nous avons fini par accepter comme évidentes et allant de soi des propositions qui n'auraient aucun sens si nous essayions de les traduire ou de les reformuler dans nos langues »[280]. Et dans une conférence tenue à Nairobi en 1980, Kwasi Wiredu lançait un slogan : « Philosophes africains, apprenons à penser dans nos langues ! »[281]. Ce souci est noble ; voilà pourquoi A.J. Smet , depuis 1977, avait obtenu, en tant que Chef de Département de Philosophie et religions Africaines , de la part du Conseil de Faculté, « la possibilité de présenter comme mémoire de graduat et de licence, des traductions en langues africaines d'écrits de philosophes. Le travail de traduction devait orienter l'étudiant à une double compétence : celle de l'herméneutique du texte original et celle de repenser sa propre langue et de l'apprécier dans son aptitude de rendre correctement n'importe quelle doctrine »[282]. Certaines traductions furent faites. Cette initiation de Smet fut enrichissante et en 1979, Smet et son équipe de travail ont inauguré la publication de traductions des textes

---

[280] V.M. La MESLEE et P. PAULIN, « Seize questions sur la philosophie africaine », dans *Africultures* 2010/3 (n° 82), p.83-91 [en ligne] *https://www.cairn.info/revue-africultures-2010-3-page-83.html*(page consultée le 5 juin 2018). Je souligne.

[281] Kwasi WIREDU cité par *Ibidem.*

[282] A. J. SMET, dans M. BUASSA Mbandu, *Op.cit.*, p.63-64.

philosophiques en langues africaines par la collection 'Filozofi' , et ce pour réaliser quatre objectifs poursuivis : « -de promouvoir l'usage scientifique des langues africaines ;-préparer à cet effet des traductions de textes philosophiques à partir du français, de l'anglais, de l'allemand... ;-de mettre sur pied une théorie et une méthode valides de traduction de textes philosophiques en langues zaïroises ; -de parvenir enfin à l'éclosion d'une philosophie en langues africaines, non pas en vue d'un quelconque retour au culte de la différence, mais afin de revivifier le génie africain et sa capacité créatrice »[283]. Toutefois Smet se pose deux questions qui attirent notre attention : « On peut se demander si la traduction en langues africaines d'une œuvre philosophie occidentale la rend 'africaine' par ce simple fait de la traduire ? Est-ce qu'elle appartient dorénavant à la philosophie africaine ? »[284]. Non selon moi. Je lis les écrits de Karl Marx traduits en français et ces traductions appartiennent à la philosophie allemande et non française, encore moins congolaise.

Niamkey Koffi n'est pas du reste quand il répond à la question de Mutunda Mwembo en ces termes : « La démocratisation de la philosophie passe *nécessairement* par la réhabilitation de nos langues. Le développement de l'Afrique ne sera possible que dans la mesure où nos langues sont réhabilitées et prises en compte dans le procès de développement. Cela donnerait plus ou moins à tous les individus l'accès aux sphères de la connaissance »[285].

Jean Marie Van Parys ne manque pas de citer le Congrès de Contonou tenu en 1985 dans lequel les C. Gnavo et les Houdou Ali ont fait des brillants exposés en langues africaines, qui sur les axiomes de Hilbert, qui sur *L'idéologie allemande* de K. Marx et F. Engels[286]

A mon humble avis, moi qui ai appris le Cibemba à l'école primaire, qui écris aussi en Cibemba et qui célèbre la Journée Mondiale de la Langue maternelle en tenant des conférences en Cibemba tout en ayant un traducteur à côté de moi, je pense que la réhabilitation des langues maternelles est nécessaire, mais les langues africaines ne font pas l'africanité de la philosophie africaine. La notion de

---

[283]*Ibidem,* p.64.
[284]*Ibidem,* p.64.
[285] NIAMKEY Koffi, « Qui sont les philosophes africains ? Statut théorique de la question », dans *Dix ans d'activité philosophique en Afrique et au Zaïre.* Actes du Colloque sur la philosophie africaine tenu à Lubumbashi du 11 au 25 janvier 1982, Lubumbashi, Faculté des Lettres (1982), débat, p.490, souligné par l'auteur. Je signale que , dans son livre publié en 2018 et qui reprend cette conférence, les questions du débat ne sont pas reprises.
[286] Cf. J. M. Van PARYS, *Une approche simple de la philosophie africaine*, Kinshasa, Loyola, 1993, p.104.

Contexte vaut son pesant d'or. Sachant que je peux philosopher en Cibemba devant un public bemba, je le ferais sans avoir besoin d'un traducteur, car toute communication écrite ou verbale, dans le souci de transmettre le message, tient compte de *Contexte*. Il est vrai qu'en écrivant ce livre en français une catégorie de lecteurs est exclue et cela vaut aussi pour un écrit ou une communication en langues africaines. De par mon expérience d'auteur et de conférencier, j'utilise le néologisme en partant de ma langue maternelle, quitte à l'expliquer après. Je ne dirais pas que le problème des langues est un faux problème, car Sapir, Wolf, Herder et tant d'autres philosophes du langage traditionnel sont édifiants sur ce sujet. Je pense que **la cible visée de lecteurs** et le **contexte** doivent peser dans la balance quant à l'utilisation des langues africaines et étrangères. La colonisation mentale consisterait si j'utilise le français pour écrire ce livre afin que les Belges et le Français me lisent. J'écris en ciblant tous ceux qui savent lire un texte écrit en français, toutes nations confondues.

Bref, Ngoma-Binda résume ce débat portant sur la langue de la production philosophique. Ainsi il parle de la « *ligne radicaliste…*naguère tracée par Cheikh Anta Diop, qui plaide pour l'usage immédiat, aujourd'hui et en Afrique, des langues africaines »[287]. Dans cette classe il aligne aussi Nzege, Hountondji et Kwasi Wiredi. Il existe aussi la *ligne modérée* défendue par Eboussi Boulaga pour qui « il faut aborder le problème linguistique d'une manière 'pragmatique '. Il entend par là qu'il faut utiliser les langues africaines là où cela est possible ; mais aussi et surtout, il faut laisser aux Africains la liberté d'utiliser les langues étrangères qu'ils maîtrisent pourvu qu'ils ne prennent pas ces langues comme trait distinctif d'une culture supérieure »[288]. Les raisons évoquées en faveur des langues africaines sont principalement quatre : **la démocratisation du savoir**(la diffusion du savoir se réalisera mieux et efficacement en utilisant la langue parlée par « la communauté tendue vers son auto-transformation qualitative »),l**' économie intellectuelle et financière** (« l'utilisation des langues africaines constituerait [pour nos étudiants], à coup sûr, une sérieuse économie intellectuelle, et financière puisqu'ils passeraient un peu plus facilement de classe ») ;**l'argument de la relativité linguistique** (toute langue véhicule une vision et une conception du monde ; d'où « on traduirait mieux la richesse de la pensée africaine en ses

---

[287] P. NGOMA-BINDA , *La philosophie africaine contemporaine : analyse historico-critique*, Kinshasa, Facultés Catholiques de Kinshasa, 1994, p.199.
[288]*Ibidem,* p.201.

multiples nuances expressionnelles »)et **l'homme vit aussi de fierté** (argument de nature psychologique)[289]. Mon point de vue est déjà donné quant à ce.

3.2. QUI EST PHILOSOPHE AFRICAIN ?

Pour répondre à cette question je me réfère à mon livre *Philosophie pour tous. Introduction thématique à la philosophie occidentale et à la philosophie africaine*[290]

Sur quoi doit-on se baser pour qualifier un écrit de philosophie africaine ? S'agira-t-il :

3.2.1. Du genre des problèmes étudiés ?

3.2.2. De l'appartenance géographique ?

3.2.3. De la langue de production ?

3.2.4. De parler Sur, De et À partir de l'Afrique ?

Je pense que

3.2.5. Par-delà le genre des problèmes étudiés, l'appartenance géographique, la langue de production et l'Afrique, il y a l'**Identité**[291].

De ce fait, on aura, à mon humble avis, le

---

[289] Cf. *Ibidem*, p. 202-204.

[290] L. MPALA Mbabula, *Philosophie pour tous. Introduction thématique à la philosophie occidentale et à la philosophie africaine*, Paris, Edilivre, 2016, p.141-142.

[291] Sur ce point j'ai eu à discuter avec Jean Éric BITANG de l'Université de Douala. **Il préfère le concept nationalité à celui d'identité.** Pour lui, le premier concept est plus opérationnel et à ce propos, il écrit : « L'identité est plus propice, mais il faudrait qu'on lui substitue le concept plus opérationnel et plus concret de *nationalité* (…). Est philosophie africaine toute production philosophique dont l'auteur a la nationalité de l'un des 53 pays qui composent le continent Africain. L'africanité ne devient ici que la caractéristique de la nationalité des sujets qui philosophant et produisant de la philosophie, communiquent cette nationalité à leurs œuvres » (Jean Éric BITANG, *contre Monsieur Folscheid et pour la philosophie africaine* [en ligne] *https://jeanericbitang.wordpress.com/2011/09/28/contre-monsieur-folscheid-et-pour-la-philosophie-africaine/*(page consultée le 12 avril 2016). Prière de lire ma réaction et sa réaction à la mienne. Il a, à dire vrai, démonté l'argumentaire du sophiste hégélien Dominique Folscheid (Folscheid D., « De la philosophie africaine et ailleurs», in *Exchoresis,* Revue Africaine de Philosophie, n° 7,Novembre 2008, p. 1. Url : *http://exchoresis.refer.ga/IMG/pdf/D._Folscheid_Preface.pdf*) comme je l'ai fait avec l'hégélien Bernard Stevens.

3.2.5.1. Philosophe africain faisant la philosophie occidentale

3.2.5.2. Philosophe européen produisant la philosophie africaine

3.2.5.3. Philosophe africain de la philosophie africaine

Ceci étant, je retiens que

3.2.5.4. le Philosophe africain de la philosophie occidentale et le philosophe africain de la philosophie africaine font, tous les deux, partie de la philosophie africaine et de son histoire. Alors, rien de surprenant qu'ils soient de l'expression française, anglaise, espagnole, portugaise, etc[292]. **Tout dépend de l'IDENTITE.**

N.B. : Je suis conscient du débat que peut engendrer la notion d'identité à ne pas confondre à celle de nationalité. De ce fait, je ne partage pas l'idée d'Emmanuel Biangany pour qui est « philosophe africain, toute personne, native de l'Afrique ou pas, qui réfléchit sur les réalités, conceptions, croyances et diverses expériences culturelles négro-africaines »[293].

3.3. LES GRANDS COURANTS DE LA PHILOSOPHIQUE AFRICAINE[294]

Plusieurs philosophes ont cité certains courants. Sans être exhaustif, je citerai les auteurs en suivant la chronologie.

3.3.1. Courants de philosophique africaine

3.3.1.1. EYENGA en 1973[295]

- **La philosophie spontanée** depuis 1921

---

[292] Je sais que Ngoma-Binda , dans son livre *La philosophie africaine contemporaine : analyse historico-critique,* Kinshasa, Facultés Catholiques de Kinshasa, 1994, p.20, ne partage pas ce point de vue. Pour lui, dire que « tout être humain, quels que puissent être sa race, son pays ou son continent, pourraint ainsi produire de la philosophie africaine (…) [est], de toute évidence, une aperception inconsistante de la réalité historique » (p.20).

[293] E. BIANGANY Gomanu Tamp'wo, *L'odyssée de la philosophie négro-africaine (par devoir de mémoire et de vérité)*, Kinshasa, Editions Universitaires de Logos, 2008, p.114.

[294] Le livre de DOSSOU Y Davy, *philosophie africaine : principaux courants et perspectives,* Paris, Edilivre, 2015 est aussi à consulter. Il insiste sur un fait : les philosophes africains anglophones n'ont pas attendu que les occidentaux leur disent qu'ils sont philosophes pour se prendre au sérieux. J.-M. Van Parys l'a souligné avant Dossou.

[295] Cf. A. MPOYI Mukala, *Op.cit.*, p. 181.

- **La philosophie africaine sur la trace de l'ethnologie** depuis 1945 (avec Tempels)
- **Philosophie articulée** dès 1965 (F. Crahay)

3.3.1.2. KAIMBI en 1974[296]

- **La réhabilitation de l'homme négro-africain**
- **La réaction aveugle**
- **La phase critique**

3.3.1.3. NKOMBE Oleko en 1977[297]

Le courant tempelsien (Tempels, Kagame, Mulago, Lufulwabo, Gusimana, Fouda, Mujinya, Mbiti)

Le courant idéologique (African Personality- Blyden et Irele-, Négritude-Senghor, Césaire, Damas-, Humanisme africain   Kaunda,-, Socialisme africain-Senghor, Nyerere-, le consciencisme-Nkrumah-, L'Authenticité-Mobutu, Sakombi, Gambembo)

Le courant critique (Boelaert, De Souysberge, Crahay, Eboussi Bulaga, Towa, Hountondji, Njoh-Mouellle, Elungu Pene Elungu, Tshibangu wa Mulumba ; Adotevi)

Le courant herméneutique philosophique (Okere, Nkombe Oleko, Kinyongo, Okolo Okonda, Maurier, Laleye, Tshiamalenga   Ntumba)

3.3.1.4. A.J. SMET en 1980[298]

- **Le courant des philosophies idéologiques** (Justification de la race africaine avec E.W. Blyden, Panafricanisme avec B.T. Washington, Marcus Garvey, W. E. Du Bois ; négritude, l'humanisme africain, le socialisme en Afrique, le consciencisme, la pensée politique de Lumumba, l'authenticité).
- **Le courant de reconnaissance de philosophies africaines traditionnelles** (recherche d'éléments philosophiques avec Stéphane Kaize, Affirmation de l'existence de philosophies africaines traditionnelles, Philosophes et philosophies en Afrique noire traditionnelle, Élaboration systématique de

---

[296] Cf. *Ibidem,* p. 181.

[297] NKOMBE Oleko, « État actuel de la philosophie en Afrique », dans *Science et Sagesse. Documents du XXe anniversaire de la Faculté de Théologie Catholique de Kinshasa (25 avril 1977),* Kinshasa, FTC, 1977, p.78-93.

[298] Cf. A.J. SMET, *La philosophie africaine contemporaine; courants et problèmes,* Kinshasa, FTC, 1980, p. 296-299.

philosophies africaines traditionnelles, avec Tempels, Kagame, Sagesse et savoir ésotérique).

- **Le courant critique** (contestation du statut philosophie avec, entre autres, F. Crahay, Mbiti), Récusation de l'ethnophilosophie avec Eboussi Boulaga, M. Towa, P.J. Hountondji, Elungu Pene Elungu, critique des philosophes critiques avec J. Fabian, Nyamkey Koffi, Olibiyi Babalola Yai ; Critique de la conception occidentale de la science et de la philosophie avec, entre autres, Ngoma-Binda ; Le problème des langues en philosophie africaine avec, entre autres, Tshibangu-wa-Mulumba, Tshamalenga Ntumba).

- **Le courant synthétique** (L'Herméneutique philosophique avec, entre autres, Nkombe Oleko, Kinyongo J ; Okolo Okonda ; Philosophie fonctionnelle ; Recherche de nouvelles problématiques ; Les essais historiques avec, entre autres, E. Dirven, A.J. Smet, Kinyongo J., Elungu Pene elungu, ajoutons Ladrille)

3.3.1.5. ELUNGU PENE ELUNGU en 1984[299]

- **Les philosophies ethnologiques** (la philosophie bantoue du P. Tempels ; La philosophie bantu-rwandaise ; L'ethno-philosophie)
- **Les philosophies idéologiques** (L'Afrique à l'heure de l'idéologie ; l'Afrique à la recherche de son idéologie-panafricaine, négritude, socialisme ; la critique de l'idéologie africaine)
- **Les philosophies critiques** (leur idée de la philosophie africaine ; la destination de la philosophie)

3.3.1.6. E.A. RUCH et K.C. ANYANANWU en 1981[300]

- **Ouvrages généraux** (Conscience mythique, Travaux généraux sur l'idéologie)
- **Ethno-philosophie** (études ethnologiques fondamentales, collections de textes, études ethno-philosophiques, études ethno-religieuses, études ethno-artistiques)
- **Philosophie culturelle** (études générales, philosophie de l'identité africaine, Authenticité africaine et Négritude, Littérature africaine moderne)
- **Philosophie idéologique africaine** (Humanisme africain, Socialisme africain, Panafricanisme).
- **Approche critique et recherche d'une voie nouvelle.**

---

[299] Cf. A. ELUNGU Pene Elungu, *Op.cit.*, p. 169.
[300] Cf. J.M. VAN PARYS, *Op.cit.*, p. 69-70.

3.3.1.7. DIMANDJA Eluy' a Kondo en 1985[301]

- **Les philosophies ethnologiques ou ethnophilosophie**
- **Les philosophies nationalistes et indépendantistes**
- **Le courant des philosophes critiques**

3.3.1.8. J.M. VAN PARYS résumant la philosophie africaine« anglophone » en 1993[302]

- **Recherche des moyens de libérer l'Afrique** (African Personality, Panafricanisme)
- **Des philosophies politiques et sociales** (Consciencisme de Kwame Nkumah, Ujamaa de J.K. Nyerere, Humanisme zambien de Kenneth Kaunda)
- **Des recherches de Philosophie du Développement**

3.3.1.9. E. NGOMA – BINDA Phambu en 1994[303]

- **Axe idéologico-politique**
- **Axe herméneutique** (L'herméneutique comme philosophie de vie et de la force : Placide Tempels, Kagame, etc. l'Herméneutique comme philosophie et méthode, l'Herméneutique de la philosophie antique : Cheich Anta Diop, Bilolo, etc.)
- **Axe critco-prospectif** (ethnologie et Ethno-Philosophie. Le Tempelsisme à la barre : Towa, Hountondji, Elungu, Youssouph M. Guisse ; La contre-critique : Eloge de la philosophie populaire ; Philosophie et développement de l'Afrique)

3.3.1.10. MUTUZA Kabe en 2008[304]

- **Courant de l'herméneutique** (Kinyongo J., Tshiamalenga Ntumba, Nkombe Oleko)
- **Le courant théologique**
- **Le courant de la critique classique** (Elungu Pene Elungu, Mudimbe)

---

[301] Cf. DIMANDJA Eluy' a Kondo, "Les philosophies africaines contemporaines et la problématique du développement", dans *Les Nouvelles Rationalités Africaines,* Vol 1, N°1, octobre 1985, p. 8-15.

[302] Cf. J.-M. Van PARYS, *op.cit.*, p. 114.

[303] Cf. E. NGOMA – BINDA Phambu, *op.cit.*, p. 5-7.

[304] Cf. R. MUTUZA Kabe, *op.cit.*, p. 287-288.

- **Le courant de la réévaluation** des concepts (Buakasa, Musey, Mutuza Kabe)

3.3.1.11. H. MONO Ndjana en 2009[305]

- **Le Panafricanisme** (Blydin, M. Garvey, Du Bois)
- **La Négritude** (Senghor, césaire et S. Adotevi)
- **L'Ethnophilosophie** (Tempels, Kagame, Fouda ; la critique : Towa et Hountondji ; une troisième voie : les Nyctosophe ; Tedanga Ipota Bembela)
- **La Renaissance africaine** (Thabo Mbeki, Steve Biko, le Nepad, etc.)
- **Égyptologie, Afrocentricité** (C. A. Diop, T. Obenga, Malefi Kete Asante, J.-P. Omotunde, Maulana Karenga, Ama Mazama)

Tenant compte des courants précédents et de la pratique philosophico-politico-économique, je propose ce qui suit :

3.3.1.12. Grands courants de la pensée philosophique africaine selon Louis MPALA Mbabula en 2019

Dans le souci d'avoir une classification argumentée, je pose cette question :

3.3.1.12.1. **Sur quoi doit-on se baser pour parler des Grands courants incluant les petits courants** ? Cette question soulèvera le débat. Je propose les critères suivants :

3.3.1.12.1.1. Thèmes

3.3.1.12.1.2. Méthodes

3.3.1.12.1.3. Branches philosophiques

3.3.1.12.1.4. Un Maître à penser et ses disciples

3.3.1.12.1.5. Polémique

3.3.1.12.1.6 autres

N.B. : Tenant compte de ces critères, nous aurons cinq Grands courants et le sixième est à compléter. Autrement dit, le travail continue.

3.3.1.12.**2. Grands courants idéologico-politiques et identitaires** (proposés en partant du critère de thèmes)

---

[305] Cf. H. MONO Ndjana, *Histoire de la philosophie africaine,* Paris, L'Harmattan, 2009, p. 173-243.

- **African Personality** : Edward W. Blyden
- **Panafricanisme** : B. T. Washington, Marcus Garvey, W.E. Du Bois, John Chilembwe, Navuma Tambula et Salomon Kumalo
- **Ujamaa (Socialisme africain)** J.K. Nyerere
- **Humanisme zambien** : Kenneth Kaunda
- **Consciencisme** : Kwame Nkrumah
- **Authenticité** : Mobutu
- **Négritude** : Senghor, Césaire, Stanislas Adotevi

3.3.1.12.3. Grand courant ethnophilosophique et critique (proposé à partir du critère d'un maître et ses disciples de droite et de gauche)

- **Ethnophilosophie** : P. Tempels, Kagame, Mujinya…
- **Critique de l'ethnophilosophie** : F. Crahay, Hountondji, Towa, Elungu Pene Elungu
- **Critique des critiques** : Nyamkey Koffi, Ngoma – Binda,…

3.3.1.12.4. Grand courant de l'herméneutique (proposé en tenant compte de la méthode)

- Kinyongo J.
- Tshiamalenga Ntumba,
- Nkombe Oleko
- Okolo okonda

3.3.1.12.5. Grand courant politico-économique (proposé en partant des branches philosophiques : philosophie politique et sociale, philosophie de développement)

- **Renaissance africaine** : Steve Biko, Thabo Mbeki
- **NEPAD**
- **Prosôponisme** : Mpala Mbabula Louis

3.3.1.12.6. Grand courant de l'Égyptologie et de l'Afrocentricité (proposé à partir du critère de thème, de la méthode et de la polémique)

- Cheikh Anta Diop
- Théophile Obenga
- Molefi Kete Asante
- Jean Philippe Omotunde
- Maulona Karenga
- Ama Mazama
- Bilolo Mubabinge

3.3.1.12.**7. Et autres** : à ce niveau, nous tiendrons compte du critère branches de la philosophie. Ainsi on aura, p.e., l'Association des Épistémologues de (de)…, etc. Je sais que l'Association nous rapproche du courant.

N.B. : - Loin de moi de prétendre que ma classification aura l'assentiment de tout le monde. **Elle a un mérite, celui de partir de certains critères, discutables sans doute.**

L'histoire humaine et philosophique n'étant pas encore close, les Grands courants naîtront toujours. A d'autres chercheurs de poursuivre le travail en ayant à l'esprit que A.J. Smet est notre pionnier.

Un même philosophe africain peut appartenir à plusieurs courants à la fois. Voilà qui embarrasse tout chercheur qui voudrait classer les philosophes selon les courants.

Comme l'on peut apprendre par **pratique ou exercisation**, par **résolution des problèmes**, par **exploration,** par **création** et par **débat** ; j'invite le lecteur ou la lectrice à poursuivre le travail ayant trait à la philosophie africaine.

3.4. CONCLUSION

Il existe plusieurs aspects de la philosophie africaine qui suscitent toujours des débats. Parmi eux, j'ai retenu les débats qui portent sur la langue qui serait appropriée pour la philosophie africaine, sur l'identité du philosophe africain et sur les courants de la philosophie africaine. Inséré dans ces débats, j'ai pu donner ma position et surtout j'ai donné des critères pour parler et classer les différents auteurs dans un courant donné. Sinon les débats restent toujours ouverts.

CHAPITRE QUATRIEME :

POUR ALFONZ JOSEF SMET

4.0. INTRODUCTION

Par ce chapitre, court soit-il, je voudrais donner aux lecteurs l'occasion de voir ce que je pense de Smet. Le premier texte est de l'année académique 1997-1998 quand je fus Délégué de la Faculté de Philosophie aux Facultés Catholiques de Kinshasa. J'étais en deuxième Licence de philosophie. Ce texte est collectif et je l'ai lu comme Délégué lors de l'activité scientifique organisée en l'honneur de l'Eméritat d'A. J.Smet, Eméritat reçu le 15 octobre 1996 quand j'entrais aux Facultés Catholiques de Kinshasa306.Le second texte est motivé par le don que me fit Smet. Il s'agit du livre produit de l'interview qu'il accorda à M. Buassa, et ce après avoir reçu de ma part mon livre consacré à La Philosophie bantu de Tempels[307]. Je les reprends tous sans les modifier.

4.1. MOT DU DELEGUE DE LA FACULTE DE PHILOSOPHIE A L'OCCASION DE L'EMERITAT DU PROFESSEUR SMET

Pour des milliers de chercheurs à qui le professeur Smet a toujours paru comme un vaillant combattant portant haut l'étendard de la philosophie africaine dans un horizon brumeux de sa contestation, cette cérémonie est de taille. Ce l'est davantage pour des étudiants qui ont été à l'école d'un maître simple, effacé, mais perspicace, rassuré de ses convictions et déterminé à donner le lustre à la philosophie en Afrique, un continent qui, pour le moins qu'on puisse dire, devrait encore franchir, selon certains, le seuil de l'âge prélogique.

Le dévouement scientifique de l'éminent professeur Alfons Smet dans les grands foyers d' effervescence intellectuelle et philosophique que sont l'Université de Kinshasa (Ex-Lovinium), l'Université de Lubumbashi, les Facultés Catholiques de Kinshasa n'est pas, me semble-t-il, à lire comme celui d'un "philosophe

---

[306] J'ai commencé par le Graduat unique en Philosophie. Donc la troisième année spéciale.
[307] L. MPALA Mbabula, *Lecture matérialiste de « La philosophie bantoue » de Placide Tempels face aux mutations socio-politiques en RD Congo*, Lubumbashi, Ed. Mpala, 1998.

fonctionnaire" susceptible de tourner au vent de toutes les contingences existentielles et idéologiques, mais comme celui d'un chercheur qui ne trouve satisfaction que dans les progrès, mieux la configuration de la discipline pour laquelle il a presque donné sa vie : **la philosophie africaine.**

En effet, avec le professeur Smet, le caractère dynamique de la philosophie africaine saute aux yeux. Avec ce savant, ou pour parler à l'africaine avec ce sage, la philosophie africaine est passée d'une phase de contestation à une phase de confirmation. Il a, comme qui dirait, contribué à faire asseoir cette discipline dont la préoccupation majeure ne consistait, un moment donné, qu'en la revendication de son existence et de son statut philosophique. Pourtant, l'histoire de la philosophie africaine nous montre que non seulement cette philosophie ne devrait pas principalement s'évaluer en termes d'homologie par rapport à la philosophie occidentale, mais elle pourrait également être lue à travers d'autres canons que ceux qui nous viendraient de l'Occident. L'apport du professeur Smet dans la fondation d'une philosophie africaine véritablement africaine- et non édulcorée- n'est pas moindre tant il est vrai qu'il s'est beaucoup investi dans l'élaboration de nouveaux outils de recherche en cette matière et dans l'entreprise risquée de l'aventure des langues africaines à la "mythique philosophique".

La révolution qu'on mettrait à l'actif de Smet est *mutatis mutandis* comparable à celle faite par Tempels. En effet, de même que" La Philosophie Bantoue" de Placide Tempels a consacré, et par le fait même, confirmé la philosophie africaine contre vents et marées de l'époque, de même Smet s'est efforcé d'établir la philosophie africaine sur des bases solides en lui conférant un statut qui lui fait prendre part, tête haute, au rendez-vous des disciplines scientifiques.

Dès lors, le professeur Smet sert de modèle à toute la génération montante des philosophes que constituent les étudiants en philosophie, une génération appelée à marcher d'une manière non servile, mais responsable et critique sur les pas de nos « ancêtres dans l'esprit philosophique ». Cet esprit seul pourra nous permettre de nous approprier d'une manière permanente et toujours personnelle les sollicitations multiples que le philosophe en tant qu'instance critique de la société doit assumer.

Certes, un hommage à une sommité scientifique de votre envergure est un audace tant il est vrai qu'il blesserait votre humilité. Mais, n'est-ce pas être philosophe que de ne pas sacrifier la vérité qui comme une **« lumen super flumen »**[308] dissipe l'obscurité du mensonge et l'ombre de l'erreur.

Pour le reste, au nom de tous les étudiants, anciens et nouveaux que je représente timidement ici, je voudrais vous rassurer, professeur Smet, de notre fidélité à votre idéal de chercheur que nous voudrions faire nôtre, **à savoir chercher à promouvoir l'homme en le reconnaissant tel et en lui apprenant à se découvrir véritablement comme homme. Car tel nous semble votre itinéraire philosophique :**
1° affirmer l'humanité de l'homme africain à lui-même et aux autres,
2° lui en faire prendre conscience et
3° vivre de son humanité.

Nous vous promettons d'aller en avant et de l'avant car vos écrits nous servent de béquilles pour bien marcher.
Je vous remercie.

Pour le CEPHI
Délégué Etudiant **Abbé Louis MPLA Mbabula**

4.2. AU NOM DE LA PHILOSOPHIE AFRICAINE, JE TE BAPTISE : SMET–L'AFRICAIN

4.2.0. INTRODUCTION

Smet, Sans l'avoir vu, je l'ai connu par ses écrits. En 1984, sa traduction de *La Philosophie bantu* de Placide Temples me servit de livre de base pour mon travail de fin de cycle intitulé *La conception de Moksha dans le Sanatana-Dharma face à la conception de l'au- delà dans "La philosophie bantu" de Placide. Etude comparativo-critique.* En 1998, j'ai eu l'occasion, en tant que délégué des étudiants de la Faculté de philosophie (Facultés Catholiques de Kinshasa), de prononcer un speach lors de la cérémonie de son éméritat.

---

[308] Devise des Facultés Catholiques de Kinshasa devenues Université Catholique du Congo, UCC en sigle.

Le 12/05/1998, Smet me fut parvenir le livre de M. Buassa -livre qui lui a été consacré- en me demandant de faire une lecture matérialiste de ses efforts. J'ai eu peur de le décevoir en proclamant tout haut que ma présente méditation sur **Smet-l'Africain** ne remplit pas toutes les conditions, toutefois elle s'en inspire.

Le R.P. Smet, j'ai cru le voir et le comprendre dans l'interview qu'il a accordée à M. Buassa. Ma méditation ira du soupçon à Smet - l'Africain.

4.2.1. DU SOUPCON...

Je ne voudrais pas avancer avec un masque. Je présente mon visage. Mon réflecteur est un des trois maîtres du soupçon. J'ai cité Karl Marx. Ce dernier m'a appris à ne pas croire quelqu'un à partir de ce qu'il dit, de l'idée qu'il se fait ou des idées que les autres se font de lui. La praxis est l'un des critères. En d'autres termes, seule la bonne volonté ne suffit pas.

Dès la préface dudit livre, beaucoup de pourquoi ont surgi dans ma tête. Il y est écrit, entre autres, ceci : « Trois choses essentielles nous auraient manqué : l'émergence… » (p.7). Restant fidèle à Marx, je dirais que les temps étant accomplis, un autre aurait pu faire ce que Smet a réalisé ; une autre affirmation de la préface me dérange : « Oui, dans un contexte socio-culturel où il était ' indécent' de parler de 'philosophie africaine', le Père Smet s'est appliqué à en écrire l'histoire et celle de diverses positions et méthodes en ce domaines »(p.7). J'ai un soupçon : Smet est blanc. N'est-ce pas là une façon de reconnaître que ce sont toujours les blancs qui ont le droit et le devoir de nous refuser et de nous accorder la même chose ? Smet n'est-il pas le fils de ses propres pères ? Ce n'est qu'un soupçon. Il vaut ce qu'il vaut. Entre nous, ce n'est pas puisque Smet est blanc que son entreprise a réussi ? Encore un soupçon et non un préjugé. Un fait est pourtant vrai : soupçon ou préjugé, l'œuvre de Smet demeure pour nous et la postérité une référence sûre.

Laissons la préface pour reconnaître avec l'introduction (p.12) que Smet a pris le risque d'écrire l'histoire d'une philosophie dont l'existence était problématique. Derrière ce risque, n'y a-t-il pas la volonté de devenir « grand » ? Ce n'est qu'un soupçon. Entre nous soit dit, le R.P. Smet est énigmatique. J'aurais l'occasion d'y revenir. Supportez mon style car je parle à partir d'un lieu théorique et pratique donné.

Que dire du premier chapitre où l'on parle de la vie et de l'œuvre de Smet ? M. Buassa peut se contenter de ses commentaires faisant de **Smet l'homme qui a fait sortir la philosophie africaine de sa « préhistoire ».** Quel éloge !**Aux chercheurs de vérifier la pertinence de cette affirmation.**

Je passe au deuxième chapitre, car je voudrais voir et comprendre Smet à partir de ses réponses aux questions précises et pertinentes. Souffrez que je dise que Smet est ambigu à première vue. A la page 21, paragraphe 3, il parle de **« plus tard »** sans nous dire en quoi consistait le **« avant tout »** qui, à mon humble avis, se situerait dans le temps où il suivait les cours de Maquet qui l'ont orienté. Or il me semble que les missionnaires, avant d'aller dans une colonie, suivaient certains cours. Qu'est-ce que Maquet lui a appris sur l' **« âme africaine »** avant de parler de la **« pensée africaine »** ? « Plus tard, dit-il, j'ai compris que l'accoutumance peut rendre agréable ce qui, initialement, semble insupportable » (p.21). S'agit-il tout simplement d'une chaleur ou son « plus tard » a un non-dit ? Encore une fois, il s'agit d'un soupçon. Smet n'éclaire pas notre lanterne sur son affirmation : « Mes premiers commentaires au sujet de la culture africaine provoquèrent des chuchotements et des murmures dans la salle de la part des étudiants. Ils ne semblaient guère intéressés. » (p.22). Pourquoi ? Smet ne s'était –il pas trompé d'auditoire ? De ce dernier apprendra-t-il à être africain comme le suggère mon titre ? Il y a beaucoup d'affirmations de Smet qui font surgir plusieurs pourquoi et qui rendent le R.P. Smet énigmatique, ambigu, silencieux, etc. Je crois que si j'étais un de ses étudiants, je le comprendrais mieux à présent, car j'aurais eu un point de référence.

Cet homme que je soupçonne un peu trop me contraint à le soupçonner encore plus quand il prend des positions fermes ou tranchées devant Hountondji qui « risquait de compromettre toute recherche philosophique à partir de la pensée traditionnelle ou de la littérature orale africaine »(p.25). Toute la page 25 fait preuve de son courage, du rejet de *l'a priori*, etc. La page 26 en fait autant. Il nous dit qu'il n'est pas tempelsien sans donner le *parce que*. Parfois Smet me laisse perplexe. Il nous dit qu'il a voulu récupérer l'**intuition** de Tempels sans nous la citer. Toutefois un parti pris se voit quand Smet affirme que « la pastorale était d'ailleurs son objectif, même en faisant de la philosophie bantu » (p.26). Qu'on n'oublie pas de nous dire que Tempels voyait aussi la mission civilisatrice de son beau pays la Belgique. Chez Tempels, qu'on se le dise, il y a un peu de pastorale et de politique, car il s'adressait aux « gens de bonne volonté » de son pays. Alors vous comprenez pourquoi je soupçonne à tout moment Smet. Voilà pourquoi je soupçonne Smet de ne pas avoir pris le courage de juger Tempels à la mesure de son temps. Je m'explique : à mon humble avis, Tempels, aveuglé par la mission civilisatrice à parfaire, il n'a aucune fois demandé l'abolition de la colonisation. Et Smet n'y fait pas allusion. Pourquoi ? Lui -même connaît la réponse si et seulement si cette question l'a intéressé. Lisez les p. 37-38 pour voir la position floue.

Je passe sous silence l'éloge mesuré que Smet fait à la critique de Franz CRAHAY et à Laleye avec sa *Phénoménologie évocative.*

4.2.2 …A SMET-L'AFRICAIN

Je ne voudrais pas appeler Smet l'**Africain** pour avoir « fait surgir du néant une discipline philosophique : la philosophie africaine… » (p. 105).La déclaration du professeur OKOLO me semble gratuite. Je crois que la philosophie africaine, même antique, a existé. **Smet n'a pas fait surgir du « néant » la discipline philosophique appelée philosophie africaine ; il a contribué à l'essor et à la diffusion de cette philosophie et c'est à ce niveau que moi africain, je lui en suis gré et me décide de l'appeler Smet- l'Africain en répondant au vœu d'OKOLO (p. 106).**

La meilleure façon de rendre hommage à Smet pour avoir blanchi ses cheveux à lutter et à diffuser la philosophie africaine, est celle de le nommer ou mieux de le baptiser, de son vivant, **Smet-l'Africain**. Ce nom résumerait tous les témoignages que l'ont peu faire sur lui. Il y a beaucoup de Smet et d'Alfons Josef ; mais il sera ou il est le seul **Smet-l'Africain**.

4.3. CONCLUSION

Il n'est pas facile de parler d'Alfons Josef Smet. Ses étudiants devenus professeurs d'université et ses collègues professeurs ont de la matière, moi, le dernier de ceux-là qui l'ont connu et moi qui aie eu le privilège de prononcer un speech au nom de tous les étudiants défunts et vivants, j'ai voulu soupçonner ce géant arbre grandi sur le sol africain, et à la fin, j'ai cru bon de le nommer Smet – l'Africain ,car le meilleur cadeau à lui offrir est celui de l'appeler ainsi dès son vivant.

Smet-l'Africain, pour tout ce que l'Afrique te doit, nos ancêtres africains vivants –car ils ne sont pas morts-te disent merci à travers moi dont le nom MPALA est venu d'eux et non du vouloir de mes parents.

Texte écrit à Kinshasa, le 05 mars 1999

Etudiant Abbé MPALA Mbabula Louis

CONCLUSION GENERALE

Ce livre se veut un manuel portant sur la philosophie africaine. Elle se veut une *Initiation* car il a l'ambition de retracer la problématique portant sur la philosophie africaine et essaie de remettre les pendules à l'heure quant à ce qui concerne l'évolution de la pensée philosophique de Marcien Towa et de Paulin J. Hountondji. De ce fait, tout enseignant de la philosophie africaine qui aura lu ce livre rebroussera chemin quand il aura à parler de la critique de l'ethnophilosophie.

Après avoir pris connaissance du contenu de ce livre, tout enseignant averti proposera à ses élèves ou étudiants la lecture des philosophes africains ayant pris position sur l'un ou l'autre point abordé dans ce manuel.

Ceci étant, l'on comprendra pourquoi les Placide Tempels, les Niamkey Koffi et les Paulin J. Hountondji restent des figures incontournables dans la problématique de la philosophie africaine. Je sais que d'autres figures le sont aussi dans certains milieux scientifiques et universitaires, car mon livre a des limites liées au milieu théorique et pratique à partir duquel je parle.

BIOBLIOGRAPHIE SOMMAIRE

ABDOULAYE Bah, *Le problème de la philosophie africaine*, Coordination Nationale de la Formation Continuée du Moyen et du Secondaire /philosophie/Documents de formation de 2004.

ALTHUSSER, L., -*Sur la philosophie*, Paris, Gallimard, 1994.

-*Initiation à la philosophie pour les non-philosophes*, Paris, PUF, 2014.

-*Philosophie et philosophie spontanée des savants (1967)*, Paris, François Maspero, 1974.

BARBARAS, R., « Qu'est-ce que la philosophie ? », dans *Philosophie. Commencez avec les meilleurs professeurs*, Paris, Groupe Eyrolles, 2007.

BAUDIN, E., *Introduction générale à la philosophie 1.Qu'est-ce que la philosophie ?* Paris, J. De Gigord, 1927.

BIANGANY Gomanu Tamp'wo, E., *L'odyssée de la philosophie négro-africaine (par devoir de mémoire et de vérité)*, Kinshasa, Editions Universitaires de Logos, 2008.

BIDIMA,J.-G. , -*La philosophie négro-africaine*, Paris, PUF, 1995 .

-« Introduction De la traversée : raconter des expériences, partager le sens », dans *Collège international de Philosophie/ « Rue Descartes »* 2002/2 n°36, p.8-18.

BITANG,J. É., « Contre Monsieur Folscheid et pour la philosophie africaine »[en ligne] *https://jeanericbitang.wordpress.com/2011/09/28/contre-monsieur-folscheid-et-pour-la-philosophie-africaine/*(page consultée le 12 avril 2016).

BIYOGO, G., *Histoire de la philosophie africaine, Livres I, II, III, IV*, Paris, L'Harmattan, 2006.

BUASSA Mbandu, *Père A. J. Smet et la philosophie africaine. Entretien-Etudes critiques-Témoignages*. Préface de Mgr J. Ntedika Konde, postface du Prof. Okolo OkondaW'Oleka, Kinshasa, Facultés Catholiques de Kinshasa, 1997.

BURNET, J., *L'aurore de la philosophie grecque*, Paris,
Payot, 1970.

CARATINI, R., *Vent de philo sur les chemins de la
philosophie*, Paris, Michel Lafon, 1997.

CHAPELLE, A., *Introduction systématique à la
philosophie*, Bruxelles, IET, 1980.

COMTE-SPONVILLE, A. , *La philosophie*, Paris,
PUF, 2008.

COULOUBARITSIS, L., *Aux origines de la philosophie
européenne*, Bruxelles, De Boeck, 1994.

CRAHAY, F., « Le décollage conceptuel : condition
d'une philosophie bantoue », dans *Diogène* n°52 (1965), p. 61-84.

DE RAEYMAEKER, L., *Introduction à la philosophie*,
Louvain/Paris, Publications universitaires de Louvain, 1956.

DESCARTES, R., *Discours de la méthode* suivi des
Méditions, Paris, Union Générale d'Edition, 1962.

DIA MBWANGI Diafwita, « L'approche
déconstructiviste en histoire de la philosophie africaine : méthode et taxicomanie de Grégoire Biyoyo », dans *NOKOKO* (Institute of African Studies-Caleton University-Ottawa, Canada) n° 6, 2017, p. 207-250.

DIAGNE, S.B., « Revisiter « La philosophie
bantoue » : l'idée d'une grammaire philosophique », dans *Politique africaine*, n° 77, mars 2000, p. 44-55.

DIENG Amady Aly, *Hegel et l'Afrique noire. Hegel
était-il raciste ?*, Dakar, CODESRIA, 2006.

DIMANDJA Eluy' a Kondo, "Les philosophies
africaines contemporaines et la problématique du développement", dans *Les Nouvelles Rationalités Africaines,* Vol 1, N°1, octobre 1985, p. 8-15.

DIOP Cheikh Anta, *Civilisation ou barbarie.
Anthropologie sans complaisance*, Paris, Présence Africaine, 1981.

DOSSOU Y. Davy, *Philosophie africaine : principaux
courants et perspectives,* Paris, Edilivre, 2015.

DUFRENNE, M., *Pour l'homme. Essai*, Paris, Seuil,
1968.

EYSSETTE, C., « Introduction à la philosophie,

2010-2011 » [en ligne] *http://eyssette.net/*(page consultée le 28/10/2013).

FOLSCHEID, D., « De la philosophie africaine et ailleurs», dans *Exchoresis,* Revue Africaine de Philosophie, n° 7, Novembre 2008, p. 1. Url : *http://exchoresis.refer.ga/IMG/pdf/D._Folscheid_Preface.pdf*)

GRAMSCI, A.,- *Il materialismo storico e la filosofia di Benedetto Croce*, Torino, Instituto Gramsci, 1979.
-*Gli intellectuali e l'organizzazione della cultura,* Torino, Instituto Gramsci, 1975.

HADOT, P., *Qu'est-ce que la philosophie antique ?* Paris, Gallimard, 1995.

HEIDEGGER, M., -*Introduction à la Métaphysique*, Paris, Gallimard, 1967.
-*Qu'est-ce que la Métaphysique ?* Paris, Nathan, 1985.

HOUNTONDJI, P.J., -« L'Histoire d'un mythe », dans *Présence africaine* 91, 1974, p.3-13.
-« L'Effet Tempels », dans *Encyclopédie philosophique universelle,* I : L'univers philosophique, deuxième édition, Paris, P.U.F., 1991, p.1472-1480.
-« Remarques sur la philosophie africaine contemporaine », dans *Diogène* n°71 (1970), p. 120-140.
-*Histoire du mythe*, Paris, Présence Africaine, 1974.
-« Une pensée pré-personnelle : Note sur « Ethnophilosophie et idéologique » de Max Augé », dans *L'homme*, n° 185-186, 2008. Spécial sur L'anthropologue et le contemporain : autour de Max Augé, p. 343-364.
-« Ethnophilosophie » : le mot et la chose [en ligne] *https://pdfslide.net* (page consultée le 15 mars 2018).
« Introduction à l'étude de la philosophie » [en ligne] *http://www.dogmatique.net/Poly%20%Introduction%20E0%20la%20 Philosophie.pdf* (page consultée le 28/10/2013)

IRUNG Tshitambal'a Mulang, « Essai sur l'histoire et la problématique de l'ethnophilosophie en philosophie africaine », dans *Archives de Philosophie Africaine* (APHA) n° 1, 1978-1979, p. 17-41.

ISIAKA LALEYE, P., « La philosophie, pourquoi en Afrique? », dans *C.P.A.* 3-4 (1973), p. 90-92.

JEAN-PAUL II, *Fides et Ratio,* Kinshasa, Editions
Saint Paul, 1998.

JOLIVET, R., *Traité de philosophie. I. Introduction
générale, logique, cosmologie*, Paris/Lyon, Emmanuel VITTE, 1945.

KAUMBA Lufunda, *Existe-t-il une philosophie
africaine ?* Communication au colloque international de Barcelone
organisé sur le thème « Religion, philosophie et tradition de
l'Afrique : entre Dieu, le concept et l'être humain » par le Centre
d'Estudis Africans (CEA) avec le support de la Universitat Pompeu
Fabra et le financement de la generalitat de Catalunya, Barcelone, 29-
31 octobre 2003.

KINYONGO,J., *Épiphanies de la philosophie africaine et
afro-américaine ; esquisse historique du débat sur leur existence et
leur essence*, Munich-Kinshasa-Lubumbashi, 1989.
-Initiation historique à la philosophie, Kinshasa, Ed. René Descartes,
2018.

KODJO-GRANDVAUX, B., *Philosophies africaines*,
Paris, Présence Africaines, 2013.

KOSIK, K., *La dialectique du concret*, Paris, François
Maspero, 1970.

La MESLEE, V.M. et PAULIN, P., « Seize
questions sur la philosophie africaine », dans *Africultures* 2010/3 (n°
82), p.83-91 [en ligne] *https://www.cairn.info/revue-africultures-
2010-3-page-83.html* (page consultée le 5 juin 2018).

MABIKA Nkata, J., *La mystification fondamentale.1.
Merut Ne Maât. Aux sources négrides de la philosophie*, Lubumbashi,
PUL, 2000.

MARITAIN, J., *Eléments de philosophie*, Paris, Pierre
Téqui, 1921.

MASSON-OURSEL, P., « La philosophie en
Orient », dans E. BREHIER, *Histoire de la philosophie*, Paris, PUF,
1969.

MBELE, C.R., *Le ghetto théocratique*, Paris,
L'Harmattan, 2017.

MENDIRI, A., « Cours de philosophie. Pour toutes
les sections de l'enseignement secondaire » [en ligne]
http://ediscripta.voila.net/cours dephilosophie.pdf (page consultée le
15/11/2013).

MIZRACHI, M., « L'homme et le monde », dans

        CNTE, *Philosophie.* Fascicule3. Programme générale. Tome I, Grenoble, s.d.

MONO Ndjana, H., -*Histoire de la philosophie africaine,*

        Paris, L'Harmattan, 2009.

        -*La philosophie négro-africaine. Essai de présentation générale,* Paris, L'Harmattan, 2016.

MORRA, G., *Filosofia per tutti.* Brescia, La Scuola,

        1974.

MPALA Mbabula, L.,- *Attention à la démocratie*

        consociative du philosophe IrungTshitambal !, Lubumbashi, Editions Mpala, 1994.

        -*L'Homocentrisme par-delà l'eurocentrisme et l'afrocentrisme : débat sur l'origine de la philosophie,* Paris, Edilivre, 2018.

        -*Pour la philosophie africaine,* Paris, Edilivre, 2015.

        -*Hegel et Marx face au sens de l'histoire. Regard critique sur la philosophie de l'histoire,* Paris, Edilivre, 2017.

        -*Philosophie pour tous. Introduction thématique à la philosophie occidentale et à la philosophie africaine,* Paris, Edilivre, 2016.

MPOYI Mukala, A., *Philosophes européens et africains.*

        Les pensées historiales majeures, Paris, L'Harmattan, 2015.

MUTUZA Kabe, R.E., *De la philosophie occidentale à la*

        philosophie négro-africaine. Apport des philosophes zaïro-congolais, Knshasa, Editions Universitaires Africaines et L'arc-en-ciel, 2008.

NGOMA-BINDA, *La philosophie africaine*

        contemporaine : analyse historico-critique, Kinshasa, Facultés Catholiques de Kinshasa, 1994,.

NIAMKEY Koffi, -« L'impensé de Towa et de

        Hountondji », dans *Séminaire d'Addis-Abeba,* 1-3 décembre 1976

        - « Qui sont les philosophes africains ? Statut théorique de la question », dans *Dix ans d'activité philosophique en Afrique et au Zaïre.* Actes du Colloque sur la philosophie africaine tenu à Lubumbashi du 11 au 25 janvier 1982, Lubumbashi, Faculté des Lettres (1982), p.

        -*Controverses sur la philosophie africaine,* Paris, L'Harmattan, 2018.

NJOH-MOUELLE, E., *La philosophie est-elle inutile ?*

        Conférence donnée le 9 mai 1996 à l'Institut Catholique de Yaoundé.

NKOMBE Oleko, « État actuel de la philosophie en

Afrique », dans *Science et Sagesse*. Documents du XXe anniversaire de la Faculté de Théologie Catholique de Kinshasa (25 avril 1957-25 avril 1977), Kinshasa, FTC, 1977, p.78-93.

OBENGA, T., *La philosophie africaine de la période pharaonique 2780-330 avant notre siècle*, Paris, L'Harmattan, 1990.

OKOLO OKONDA, B., *Hegel et l'Afrique. Thèses, critiques et dépassements,* Préface de B. Stevens, Argenteuil, Le Cercle herméneutique Éditeur, 2010.

OLABIYI Babalola Yai, « Théorie et pratique en philosophie africaine : misère de la philosophie spéculative (critique de P. Hountondji, M. Towa et autres) », dans *Présence africaine* 108, 1978, p.65-91.

RAMNOUX, C., « Les Présocratiques », dans B. PARRAIN (dir), *Encyclopédie de la Pléiade. Histoire de la philosophie. I. Orient –Antiquité –Moyen âge*, Paris, Gallimard, 1969, pp. 405 -448.

SMET, A.J., *La philosophie africaine contemporaine : courants et problèmes*, Kinshasa, FTC, 1980.

SOMET Yoporeka, *L'Afrique dans la philosophie. Introduction à la philosophie africaine pharaonique*, Gif-sur-Yvette, Khepera, 2005.

SUMMER, C., *Aux sources éthiopiennes de la philosophie africaine*, Kinshasa, Fac. Théol. Cath, 1988.

STEVENS,B. ,- *Cours d'initiation à la philosophie*, Louvain-La-Neuve, CIACO, 1986.
-Une introduction historique à la philosophie. Tome 1 Des origines à Hegel, Louvain-la-Neuve, CIACO, 1990.

TEMPELS, P., *La philosophie bantu*. Introduction et révision de la traduction de A. Rubbens sur le « texte original » par A.J. SMET, Kinshasa, F.T.C.K., 1979.

TSHIAMALENGA Ntumba, « Qu'est ce que la philosophie africaine ? », dans *La philosophie africaine*. Actes de la première semaine philosophique de Kinshasa, 1977, p.30-46.

TOWA, M., *Essai sur la problématique philosophique dans l'Afrique actuelle*, Yaoundé, Clé, 1971.

UWODI Monu M., *La philosophie et l'africanité : critique d'un intellectualisme fermé,* Paris, L'Harmattan, 2003.

Van PARYS, J. M., *Une approche simple de la philosophie*

africaine, Kinshasa, Loyola, 1993.

VIALATOUW, J., *L'intention philosophique*, Paris, PUF, 1952.

VOILQUIN, J., *Les penseurs grecs avant Socrate. De Thalès de Millet à Prodicos*, Paris, Garnier Frères, 1964.

ZEMPLENI, A., « Initiation », dans P.BONTE et M.IZARD (dir), *Dictionnaire de l'ethnologie et de l'anthropologie*, Paris, PUF, 2012.

WERNER, C., *La philosophie grecque*, Paris, Payot,1972.

ANNEXE

HERMENEUTIQUE EN PHILOSOPHIE DE LA CULTURE : HISTOIRE ET IMAGINAIRE POLITIQUE AU LUAPULA-MOERO

Par C. T. LUBEMBO Kabeke[309]

INTRODUCTION

Notre texte relève de la philosophie de la culture. L'herméneutique nous sera d'une grande utilité pour comprendre (interpréter) l'histoire et l'imaginaire politique des Bashila du Lwapula-Moëro tissés autour de la poupée nuptiale.

1.1. Méthodologie : Tradition orale et philosophie

Cet article est le résultat des données d'enquête de tradition orale effectuée dans la vallée de Luapula-Moëro entre 1996 et 2006. La tradition orale est l'ensemble des témoignages oralement transmis d'une génération à une autre[310]. Cette méthodologie considère que la connaissance de l'Afrique précoloniale se transmettait de génération en génération de bouche à oreille sans archive écrite. En plus des récits d'histoire, la tradition orale transmet d'autres formes de savoir, même philosophique de l'avis des ethnophilosophes. Le débat méthodologique consistant à fonder la reconstitution de la philosophie africaine à partir du savoir oral a été contesté par Paulin Hountondji qui substitue la philosophicité à l'écriture comme si la pensée orale n'est pas philosophique.Diagne pense même que la tradition orale « consolide le savoir *en un système dogmatique et tangible* tandis que la transmission par voie d'archive rendrait davantage possible, d'un individu à l'autre, d'une génération à l'autre, la critique du savoir[311] ». Le célèbre philosophe grec Platon part de cette tradition pour fonder sa philosophie[312]. Pour ce qui concerne le thème de l'Atlantide, par exemple, c'est la transmission du message des origines jusqu'à la génération suivante. A cette fin Platon cède la parole, le logos, aux anciens. L'exposé de Critias est la fixation par écrit de toute une série ininterrompue de transmissions orales émanant chaque fois des Anciens, dont la

---

[309] L'auteur est Chef de Travaux, Diplômé d'Etudes Approfondies (DEA) et Doctorant en Philosophie de l'Université de Lubumbashi, Faculté des Lettres et Sciences Humaines (UNILU)

[310] Cf. J. VANSINA, *De la tradition orale. Essai de méthode critique*, Tervuren, Musée Royal d'Afrique Centrale, Belgique, Annales, Série 8, Sciences Humaines, n°36, 1979, 179 p.

[311] M. DIAGNE, *De la philosophie et des philosophes en Afrique noire,* Paris, Ifan-Karthala, 2006, p. 61

[312] PLATON, *Timée,* Traduction et adaptation par Emile Chambry, Paris, Ed. Garnier, s.d., p.64-66

dernière s'adresse à Timée, Socrate et Herménocrate. En somme, le Timée est un écrit qui transmet une tradition orale archaïque, qui provient elle-même d'une tradition orale encore plus ancienne où d'ailleurs le mythème de la noyade et du déluge est attribué à plusieurs peuples en plus des Atlantes, les Bashila en l'occurrence.Le recours à la tradition orale et les mythes qui la peuplent est au fondement même de la tradition philosophique depuis la nuit des temps contrairement aux positions controversées de Paulin Hountondji. C'est pourquoi nous avons croisé à la fois les sources orales et écrites dans notre analyse comme l'ancêtre Platon interprète les mythes plusieurs siècles avant nous.

Le courant herméneutique en philosophie africaine a fait sienne cette invitation de Ricœur selon laquelle le symbole[313] donne à penser, constitue un langage, un élément de discursivité, objet d'étude philosophique. Nous allons soumettre ces éléments culturels à l'analyse philosophique de manière à comprendre comment l'histoire politique de la vallée Luapula-Moëro est expliquée à travers des récits fictionnels. Nous analyserons tour à tour les récits de la poupée nuptiale et de la Transfiguration politique à partir de l'imaginaire populaire[314]. Chaque récit fera l'objet d'un point dont dépend une chaîne d'interprétation riche de sens de recomposition. L'analyse débouche sur la réflexion sur la culture et l'histoire.

1.2. Le pouvoir de la poupée nuptiale

Il convient néanmoins de manipuler ce cliché avec prudence puisqu'il existe plusieurs stéréotypes semblables qui débutent au XVè siècle et survivent jusqu'aujourd'hui, soit cinq siècles après. Ce cliché s'est recomposé dans plusieurs données culturelles éloignées de son contexte original. C'est une sorte de poupée en bois, qui représente le motif de la maternité : gros ventre (grossesse), gros seins (femme allaitante). Dans la tradition bemba et Bashila d'ailleurs on remet une mini-statuette[315] à toute nubile au terme de la cérémonie d'initiation au

---

[313] Masque, texte, symbole, proverbe, mythe, cliché, allégorie, légende, sagesse, imaginaire populaire, culture des masses, croyance, récits, contes, chansons, fable, religion, dicton, devise, élégie, …

[314] C'est le titre d'un des nombreux ouvrages de Michel Maffesoli dont nous nous inspirons suffisamment.

[315] Dans nos enquêtes sur le *kisungu*, nous avons récoltés quelques « fisungwa » à Munkonzwé et à Kampongé au sud du lac Moëro. Nous étions accompagné de l'enseignant Katango quand la famille de Kasule Monika nous avez donné le kisungwa qui devait accompagner sa petit fille Matemba au mariage. Il arrive qu'au lieu d'attirer une progéniture nombreuse, la statuette se mue en « nsunshi », fétiche qui freine paradoxalement la procréation. Une dispute autour de l'infécondité dans la famille est à la base de la fuite de Nkuba et de Kaponto du pays bemba.

mariage (kisungu). Cette cérémonie marque le passage de la jeune fille de l'âge mineur à la majorité en préparation de son mariage dès sa première menstruation. Au terme de toute traditionnelle initiation, l'initiateur remet un objet qui symbolise le rôle futur de l'initié. Au chef, on remet une chaise, symbole du pouvoir (*tu resteras assis et les autres travailleront pour toi*), à un futur chasseur, on remet une lance pour tuer du gibier, etc... On constate le même symbolisme dans les rites modernes sans qu'il eut préalablement contacts interculturels ayant diffusé les mêmes stéréotypes. Les franc-maçons (compacts, équerre : *tu seras architecte de l'univers,..*) ou les lauréats académiques, un chapeau carré que Blaise Pascal identifie à l'esprit géométrique (*tu seras cartésien dans ta société*) différent de l'esprit de finesse (monsieur-tout-le-monde). A une nubile, une poupée en bois (*tu vas au mariage pour produire les enfants*). Cette statuette sera sans doute remplacée par un véritable bébé humain lors de la première naissance. Dans le cas contraire, la mariée stérile devait garder la statuette longtemps jusqu'à la naissance d'un enfant. Il convient de préciser que selon la tradition, cette statuette a la même valeur supposée ou avérée qu'un enfant! Personne ne pouvait laisser tomber la poupée. C'est pourquoi, on l'appelle « *kisungwa* », entendez, « être protégé en attente d'une naissance » dans le parler local. Elle était protégée, vénérée comme une idole. Dans l'imaginaire collectif c'est cette statuette qui apporte l'enfant dans le couple. Elle est pour ainsi dire déesse de la fécondité, génitrice des enfants, une véritable *mamy wata* en icône. Il était strictement interdit de laisser tomber cette statuette !

Selon les sources à la fois orales et écrites, Kaponto serait le premier chef bantu dans la région du Lac Moëro qui a cédé certains pouvoirs aux Kilomba proche de Nakabwa, Kaseba et Kamponge. Il s'était établi dans la plaine de Kabesa et contrôlait à la fois le sud de la rive gauche du Moëro et l'île Nshimba. Avant la fondation du poste antiesclavagiste de Kilwa par Léon Cerckel en janvier 1900, membre de l'expédition Charles Lemaire, beaucoup d'hommes habitaient dans le limon fertile de la rivière Kabesa, près de Kilange pour cultiver. Kaponto est considéré, dans les mythes d'origine du lac Moëro, comme responsable du génocide des pygmées, les premiers habitants de toute la région de l'Afrique centrale. Il est mwahushi, originaire de chez le chef Matanda du sud Luapula. Situés également à califourchon de la rivière Luapula, frontière naturelle entre la République de Zambie et la République Démocratique du Congo, les baushi parlent le *kyaushi*, une variante de l'ethnie bemba. En plus du grand chef Matanda de la Zambie, on connait quelques chefs baushi congolais tels que Kinyama, Kiwele dans le territoire de Kipushi au Nord-est de la ville de Lubumbashi. En plus de cette légende, la tradition écrite parle d'un conflit politique entre le chef Matanda et Kaponto. La fille de Kaponto et celle de Matanda se baignaient au bord de la Luapula. La fille de Kaponto avait un bébé alors que la fille de Matanda était stérile et lavait son *kisungwa*, sa « poupée-en-bois ». Par une manipulation imprudente de la poupée, la fille de Kaponto lâche couler dans l'eau la poupée-statuette. Fâchée, la famille de Matanda somme Kaponto de jeter également le bébé de sa fille dans la rivière comme pénalité. Par la fuite, Kaponto épargna sa famille de la cruauté du Chef Matanda.

1.2.1. Recomposition de la poupée : Nkuba, l'ivoire et la terre

Selon l'herméneutique postmoderne, il faut aller d'un contenu manifeste vers un contenu latent chaque fois que l'on est devant un cliché culturel. Le cliché de la poupée en bois a subi une mutation et plusieurs modifications en fonction du nouveau contexte en générant des nouvelles significations. Lorsque dans nos enquêtes nous avons demandé aux Chefs Nkuba Bukongolo et Kawama ainsi que tous ceux pouvant nous renseigner sur la cause du départ de Nkuba Mukuka de Lubemba où il vivait avant de conquérir la vallée de Luapula Moëro, nous étions frappé par le retour d'une façon retravaillée du cliché de la poupée qui a quitté son contexte nuptial vers une mystification politique. Pour justifier sa présence au lac Moëro Nkuba raconte une légende qu'il tient pour vérité historique : la légende de la poupée sculptée.   *Nkuba Mukuka mwine Lubemba* est le fondateur du titre dynastique dont se réclame toute la royauté Nkuba chez les Bashila habitant au Lac Moëro et le long de la rivière Luapula. La femme stérile qui avait une statuette et la fille féconde qui avait un bébé se baignaient au bord du lac Lubemba pour certains, de la rivière Luwonge selon d'autres sources, en région bemba de la Zambie. Par une manipulation imprudente de la poupée, la fille de Mwamba lâche couler dans l'eau la poupée-statuette. Fâchée, la fille stérile de Nkuba Mukuka jette à son tour le bébé vivant de sa cousine pour se venger de l'infamie. Rentrées à la maison, une dispute gagne les deux familles, celle de Mwamba et celle de Mukuka qui quitta Lubemba, sommé par la famille de son grand frère de payer l'ivoire dans une région sans éléphants. Nkuba se dirige vers le Nord à la recherche d'éléphants et débouchera plus tard au lac Moëro. Les mêmes causes produisant les mêmes effets, Nkuba et Kaponto partagent la même raison de leur départ. Les mythèmes et les invariants sont chargés. Il y a des nouveaux investissements sémantiques dans le récit de Nkuba qui croit fournir une source inédite lorsqu'il se vide devant l'enregistreur d'un chercheur. La poupée sculptée, la fille stérile/fille féconde, immersion de la poupée/par la fille féconde, disputes intrafamiliales/départ de la famille accusée, point d'incident : rivière/point de chute : Moëro, bref les oppositions binaires de ces invariants dans le récit politiques nous rapprochent des stéréotypes allégoriques. Le sens premier de la statuette nuptiale est de susciter à la future mère le goût de la procréation, qui reste un rôle primordial que toute femme doit jouer dans l'humanité. Cependant par un travail d'archéologie, nous avons étalé différentes occasions et la multiplicité des contextes qu'elle a joués. Le mythe de la poupée nuptiale explique l'arrivée des chefs Bantous au Moëro, les Babemba notamment.

2.2.2. La Généalogie d'une poupée sculptée

Pour comprendre la spirale de la pensée mythique et la circularité de l'histoire culturelle suivant l'approche postmoderne, l'on doit illustrer notre propos par la généalogie de la poupée sculptée. C'est une métaphore qui n'apparait pas à première vue mais dont la recomposition permanente fait apparaitre plusieurs surinvestissements de sens pour remonter finalement au noyau d'origine. Ce travail herméneutique ne découpe pas la donnée culturelle, il condense, associe,…L'histoire qui s'en dégage n'est pas linéaire mais circulaire…Tout part d'une mélopée, une chanson de deuil. Une pleureuse de Kilwa lance un proverbe à l'auditoire pour dire qu'on lui annonce la mort : *Bamusonta inkula* ! La chaine de signification va de la chanson au proverbe qui renvoie à l'histoire de Kazembe et Nkuba qui est venu chercher l'ivoire en terre bashila pour ensuite y bâtir un empire. L'ivoire était la rançon exigée pour avoir jeté une poupée dans l'eau. La même poupée a été à la base de la fuite de Kaponto du Sud de Luapula vers le lac Moëro en trouvant des nouvelles interprétations réactualisées dans le culte bulindu, dans les proverbes, chansons, légendes, satires... La statuette cérémonielle du mariage explique l'origine du pouvoir de Kaponto, de Nkuba et de Kazembe. Elle éclaire sur la présence des baushi, babemba, balunda en terre bashila. Elle explique d'une manière voilée le sédiment mystique du système matrilinéaire Bashila.   Pour Nkombe Oleko[316], nous devons à R. Jakobson l'élévation des mécanismes métaphoriques et métonymique au statut d'universaux du langage. La métaphore se place au point précis où le sens se produit dans le non-sens. Citant Lacan, c'est dans la substitution du signifiant au signifiant que se produit l'effet de signification qui est de poésie ou de création,

---

[316] NKOMBE Oleko, *Métaphore et métonymie dans les symboles. L'intersubjectivité dans les proverbes tétéla,* Facultés Catholiques de Kinshasa, Kinshasa, 1979, p.23, 38,39, 41, 43

autrement dit l'avènement de signification en question. Coquet J.C., dans son regard sur le monde, vise moins les agencements particuliers que la synthèse d'ensemble. Dans sa métaphore, le poète cherche à saisir en même temps, à saisir un principe et son travail, à comprendre l'ordre du monde. Dans le champ de la métaphore, toutes les choses sont présentes sur un même niveau. Dans la définition d'Aristote, la métaphore se confond à la métonymie : la métaphore est le transport à une chose d'un nom qui désigne une autre, transport ou de genre, ou de l'espèce au genre, ou de l'espèce à l'espèce ou d'après le principe d'analogie. Sur ce point précis Freud rejoint le philosophe grec.

1.3. Régénération du récit Nakituti : le Bulindu ?[317]

Nous réfutons la thèse de la tradition figée alors que la transmission de ses valeurs d'une génération à une autre récrée les dites valeurs. L'image allégorique de Nakituti conforte notre position sur le caractère dynamique des cultures traditionnelles et modernes. Elle contredit avec flagrance les métarécits modernes sur l'antériorité du féminisme dans la culture occidentale alors que l'analyse du récit Nakituti et le culte qui s'en est suivi montre que la culture Bashila était basée sur l'émancipation de la femme évoluant, étrangement, aux côtés des cultures quasi-misogynes. Voilà pourquoi son système matriarcal qui traverse de part en part sa culture, son imaginaire, son système lignager et son organisation politique restent tributaires des stéréotypes féministes : Mwepya, Namulenga, Nakituti, Mengelwa, Nsonga, etc. Ce qui poussera le missionnaire protestant Crawford d'affirmer que la clé de l'herméneutique des clichés africains se trouve dans la femme. Par le culte des balindu, nous cherchons à montrer comment un mythe politique a fécondé la naissance d'un culte initiatique. L'ambition politique inhibée qui signe son retour dans une pratique culturelle dont l'imaginaire cherche l'égalité des sexes ou la supériorité de la femme comme projet de société.

Selon Dugald Campbell qui parcourut la région du Moëro à la fin du XIXè et au début du XXè siècles, les balindu est un mouvement cultuel fondé par une femme Nakituti. Voici ce qu'il raconte sur les balindu :

« Bulindu est une autre société secrète composée exclusivement des femmes. Le fondateur de cette société était une Cheftaine qui vivait à l'extrémité nord du lac Mweru nommé InaChituti. L'histoire suivante est racontée pour donner l'origine et le fondement de cette société secrète. Elle avait un fils nommé Chituti. Cet enfant était grossier, irrespectueux envers ses parents. Il se conduisait mal envers eux et insultait ses aînés. Sa mère l'avait reproché à plusieurs reprises, mais en vain. Un jour sa mère est allée visiter des amies situées à l'extrémité sud du lac Moëro, laissant le garçon à charge de l'oncle. Quand elle est revenue, elle a

---

[317] Lire à ce sujet l'ouvrage magistral de D. CAMPBELL, *In the Hearth of Bantuland: a record of twenty-nine years' pioneering in central africa among the bantu peoples, with a description of their habits, customs, secret societies and languages* , London, Printed in Great Britain at The Mayflnver Press, Plymouth. William Brendon & Son, Ltd., 1922, p. 180-200. On signale la même secte chez les tabwa et le repas du cochon est cérémoniel comme le coq pour le bayembé dont l'anthropologue américain Allen F. Robert rapproche aux balindu. Cfr F. R. ALLEN, *A dance or assassin: performing early colonial colonial hegemony in the Congo*, Indiana University Press, p. 208-210. Certains auteurs comparent le culte fondé par Nakituti au kisungu. Lire par exeple : G. DENNIS et A. FOWLER, *A Dictionary of Ila Usage*, Inédit.

constaté que l'oncle avait tué son fils, l'avait dépouillé, étiré et séché la peau au soleil, et l'utilisait comme un tapis pour s'y asseoir. Elle était tellement en colère qu'elle avait fondé cette société secrète sur base de cette revendication. Elle a réuni un certain nombre de femmes de la région de premier plan pour faire respecter les droits des mères et de se protéger contre la tyrannie des hommes. Cette secte initiatique s'est ouverte aux nubiles en passe de devenir épouse[318] ».

Dans la confrérie, on pratiquait l'allongement des organes génitaux féminins pour augmenter la volupté sexuelle et égaler la longueur du sexe masculin, son éternel rival depuis le mythe de Nakituti qui a mis à nu pour la première fois l'aspect gender dans la culture de la vallée de Luapula-Moëro. Crawford reconnaît que ce féminisme des amazones Bashila existait bel et bien dans la culture africaine précoloniale bien avant la reconnaissance tardive des droits à leurs congénères anglaises en 1883 par le gouvernement britannique, soit un siècle après. La secte balindu a renforcé le matriarcat dans la vallée où le rôle des cheftaines traditionnelles Mwepya, Nakituti, …est à souligner. La trahison de Nakituti a été même saluée comme revanche des femmes sur les hommes. N'ayant pas réussi totalement leur émancipation politique, le projet féministe chez les Bashila et tous les habitants de la vallée Luapula-Moëro a plutôt renforcé le rôle des oncles « *yama* » dans les structures parentales, chose qu'on ne voit pas à première vue chez les Babemba d'essence patriarcale. Presque l'exclusivité des chefferies Bashila sont matrimoniales et la succession se fait de l'oncle au neveu, une sorte de revanche posthume de Kituti sur Nkuba, chef d'origine Babemba, le rare parmi les roitelets Bashila qui garde une dynastie patrilinéaire, de père en fils. Sans doute que la légende Nakituti hante son imaginaire.

Que nous révèle ce travail d'archéologie du récit. Contrairement à ce que propagent les courants critiques en philosophie africaine, nous remarquons que loin de penser être un exercice propre aux occidentaux, les gardiens de la tradition ont opéré un travail de rationalisation du mythe progressivement en y incorporant des éléments qui fondent leur légitimité. Cet effort de réinterprétation, qu'on aurait tort de limiter aux sociétés modernes, caractérise plusieurs cultures dans la région du Moëro considérées comme inertes par Hegel et ses admirateurs. Chaque fois que l'on est en présence d'un récit, ne le prenons pas pour un bois mort mais prenons-le pour un texte chargé de sens, lequel se construit perpétuellement comme le pense De Certeau : « Nous sentons que l'interprétation a une histoire et que cette histoire est un segment de la tradition elle-même ; on n'interprète pas de

---

[318] D. CAMPBELL, *Op. cit.*, p.109-112.

nulle part ; mais pour expliciter, prolonger et ainsi maintenir vivante la tradition elle-même dans laquelle on se tient »[319]. Dans les versions antérieures du mythe, on voit Nakituti, livrer son frère aux Lunda. Par un travail d'autocritique qui évacue, par honte, tout ce qui relève de la trahison de la femme : l'inceste de son fils Kituti, la perte des terres bashila au profit des luunda, les menaces à peine voilées du neveu à son oncle pour le remplacer au trône. La victimisation de la femme reconvertit la faute en innocence, le ressentiment en baume qui galvanise le cœur du traitre. Les informations recueillies auprès des anciennes balindu reconverties au modernisme avouent que dans leur culte, les femmes enduisaient leur visage de la poudre rouge, le même arbre *nkula*, le même sang de la menstruation qui est raconté dans la symbolique du mal sur le récit Nakituti datant de plusieurs siècles !

1.4.   Du mythe au proverbe : l'histoire d'une métaphore

Le mythe que nous avons exposé précédemment a généré d'autres éléments culturels qu'on ne trouve pas à première vue dans le discours mythique. Le mythe de Nakituti a donné naissance à plusieurs proverbes et dictons dont trois deviennent des véritables sources pour constituer l'histoire d'un peuple. Etant une image, une métaphore, le proverbe est riche de sens. Il s'inscrit dans la culture Bashila qu'elle perpétue dans le contexte moderne en prenant, à chaque fois, de nouvelles modulations.

Le proverbe est un élément culturel qui appelle le plus la méthode herméneutique. C'est à juste titre qu'en kishila, on l'appelle « *nkindi* » qu'on ne trouve mieux qu'en le traduisant par « voilement », « respectabilité », « pudeur », ….Dans l'imaginaire collectif *bashila*, la métaphore procède par voilement progressif, déguisement. Lorsqu'il entre dans le langage, il devient une sorte d'esquive pudique de respectabilité pour ne pas blesser les susceptibilités de l'interlocuteur, son destinataire. C'est pourquoi, l'opération métaphorique s'appelle *ukukindikisha,* c'est-à-dire, manifester du respect envers quelqu'un à travers le jeu de mots. C'est pourquoi ces proverbes deviennent finalement des paraboles, des énigmes d'honorabilité dont le seul but est de crever l'abcès de quelqu'un en le ménageant. Le *nkindi* est une sorte de caresse esquissée mais non achevée ! Dans la pensée populaire, on suppose que l'interprétation n'est jamais figée. Elle est individuelle et continuelle. On laisse à la personne la possibilité

---

[319]P. RICŒUR, *De l'interprétation,* Paris, Seuil, 1965, p. 31

d'interpréter et de comprendre à sa manière. Mais avant de livrer la vérité en face de quelqu'un, il faut mettre le gant, le « *nkindi* ».

L'herméneutique des proverbes dégage la valeur éthique, philosophique de ces textes dans leur fonction sociétale. Nous analyserons trois proverbes qui au-delà de leur valeur didactique, constituent une leçon de l'histoire culturelle d'un peuple !

La sagesse se veut la parole par les paraboles. Un seul d'ailleurs renferme une valeur, un conseil, donc, un comportement à adopter face à une situation donnée d'où l'importance de les savoir décortiqué. Faisons l'herméneutique de deux proverbes : **Bamusuba impemba (on lui enduit du kaolin) et Bamusonta inkula (on lui montre l'arbre nkula)**. Ces proverbes condensent pour ainsi dire une chaine signifiante des métaphores et des métonymies. Dire qu'on enduit du kaolin le visage de quelqu'un ou on a montré à quelqu'un l'arbre nkula ne veut rien dire à quelqu'un qui est étranger à la culture dans laquelle les deux phrases trouvent du sens. Il faut tracer la généalogie sémantique des métaphores utilisées par un travail herméneutique pour comprendre qu'enduire du kaolin signifie manifester la victoire et montrer le nkula c'est annoncer la mort ! Maffesoli préfère la métaphore au concept qui a caractérisé le rationalisme moderne. La force brute du concept traduit, selon lui, une « attitude intellectuelle qui épure, réduit, analyse, coupe, tronçonne la réalité pour la faire entrer, de force si nécessaire, dans un modèle établi à priori ».[320] Tout comme l'intuition est un bon moyen d'appréhender le retour de l'expérience quotidienne, il est possible que la métaphore soit la mieux à même de saisir l'aspect bigarré d'un monde imaginal aux développements encore imprévisibles. En effet, elle permet de passer de la conquête de la nature ou de la culture à leurs simples contemplations car tout en restant enracinée profondément dans le concret de la vie courante, elle peut favoriser et impulser l'élan libre de la pensée spéculative. Dans la condensation, le récit manifeste, comparé au contenu latent est laconique, abrégé. Si chaque élément manifeste est déterminé par plusieurs significations latentes, inversement chacune de celle-ci peut se retrouver en plusieurs éléments ; par ailleurs, l'élément manifeste ne se représente pas sous un même rapport chacune des significations dont il dérive, de sorte qu'il ne subsume pas comme le ferait un concept[321]. A la différence du concept, elle ne prétend pas à la scientificité, elle est donc plus neutre et en se contentant de décrire, elle aide à la compréhension sans prétendre

---

[320]M. MAFFESOLI, *Eloge de la raison sensible*, p.34
[321] D. LAGACHE, J. LAPLANCHE et J.-B. PONTALIS (dir), *Vocabulaire de la psychanalyse*, Paris, PUF, 1968, p.89

pour autant à l'explication. La métaphore n'indique pas d'une manière univoque, quel est le sens des choses mais elle peut aider à saisir leurs significations. Une fois encore nous retrouvons l'influence freudienne chez Maffesoli. Chez Freud, la métaphore est substitution d'un signifiant à un autre, un mot à un autre ou transfert de dénomination de manière à ce que le mot se substitue pour prendre sa place dans la chaîne signifiante et le signifiant occulté restant présent de sa connexion (métonymique) au reste de la chaîne[322]… Dans la théorie lacanienne sur la formation de l'inconscient, la condensation est liée à une surimposition de signifiants dont le mécanisme se rapproche de la métaphore[323].

En effet, la métaphore pointe, souligne, fait ressortir telle ou telle caractéristique de la vie sociale sans pour autant la contraindre.[324] L'œuvre de Freud est imprégnée de procédés allégoriques. En effet, ce qu'elle doit à l'art et aux « figures mythiques » empruntées aux Grecs est, essentiellement, de l'ordre de la métaphore. C'est ce qui lui a permis de valoriser ses découvertes et de les faire perdurer dans le temps. Et aujourd'hui à l'heure où « une éthique de l'esthétique » succède à la morale politique, la métaphore devient un instrument d'analyse privilégié et les comparaisons qu'elle induit rendent bien compte de la correspondance observable dans la globalité du donné social et naturel. L'activité mythique confère un sens à la vie, donne un but à son existence. L'homme est ainsi un fabricateur de dieux. Il crée une imagerie sacrée et symbolique Le mythe tient à la fois du discours et du symbole. Le discours, constitué en texte, n'en possède pas moins un pattern mythique et symbolique. Ainsi le mythe, de par son activité symbolique, ne démontre pas. Il fonctionne par imprégnation, il martèle les consciences en répétant ses leçons pour les persuader. Dans la métaphore sous examen, il y a lieu de fustiger qu'au lieu de montrer l'arbre *nkula* pour annoncer la mort, Nakituti montre à la place son linge intime à Kazembe lui mettant au défi de prouver sa virilité : *Si tu es un homme, tue-moi l'assassin de mon fils !* Dans cette chaîne des signifiants, on va de cryptage en cryptage, voilement continuel car si le proverbe retenu est « *on lui montre le nkula* », l'action posée est plutôt l'exhibition d'un linge tâché de règles que l'arbre lui-même. Ce qui montre aussi que les rapports incestueux ou l'inceste royal entre la Reine mère et l'étranger étaient déjà présents dans la royauté de Nkuba, puis qu'on ne peut que montrer un linge intime à un confident. Ces linges sont gardés secrets. C'est pourquoi beaucoup pensent que c'est du mariage de la Reine Bashila avec le fugitif lunda que les terres du

---

[322] R. CHEMAMA et B. VANDERMERSCH, *Dictionnaire de la psychanalyse*, Paris, Ed. France Loisirs, 2002, p.248
[323] *Ibidem*, p.58
[324] M. MAFFESOLI, *Eloge de la raison sensible*, p.195

Luapula oriental ont été données en cadeau. L'opposition symbolique entre la couleur rouge et blanche dans la métaphore chromatique se trouve ainsi bien exprimé dans le récit de Nakituti. Selon certaines sources, elle avait annoncé le complot que son frère Nkuba concoctait à Kazembe pour déclencher son ralliement dans la revanche contre l'assassinat de son fils Kituti par Nkuba. Nakituti, amante à Kazembe, lui avait offert un linge tâché des règles (symbole de la mort). Nkuba, enduit de kaolin (symbole de la victoire), sera tué pendant qu'il fêtait le décès de son neveu-rival.

La métaphore condense plusieurs sens que le rationalisme, sous le label de la modernité, peine à démêler. C'est que chaque peuple a sa sémiotique qu'aucune sémiologie ne peut rapprocher par analogie. Ce n'est pas le logo de la croix rouge sur fond blanc et le sens auquel il renvoie qui en dissuadera. Somme toute, l'homme secrète un liquide blanc, symbole de la vie et la femme le liquide rouge, entendez la mort (la destruction) d'éléments qui aurait pu survivre s'ils étaient fécondés. C'est pourquoi dans un rite initiatique de la nubile bemba (kisungu), le marié (kampenga) est enduit du kaolin et la nubile (kisungu) des tâches rougeâtres sur le front. Précisons qu'au lieu d'utiliser le *nkula*, par un élan de créativité ou de sublimation psychanalytique, les initiatrices écrasent des cailloux rouges ou les briques cuites moulues en dépénalisant le nkula originel de sa charge maléfique, puisqu'elle est utilisée par les sorciers pour tuer. Fugace, loin de rester dépaysé, le kaolin trouvera un nouvel avatar dans l'ambiante modernité marchande ! Que dis-je son alliage avec le consumérisme lui a donné une valeur ajoutée: la poudre bambine utilisée pour saupoudrer les lauréats gagnants. Dans le contexte lushois, vous allez apprécier la reconversion malicieuse du kaolin en poudre que nos consœurs saupoudrent ou pulvérisent les vainqueurs lors des grandes manifestions urbaines pour exprimer la victoire (collation des grades académiques, mariages, ….) et le rôle de marqueur fusionnel entre différents groupes sociaux (tribu, race, âge, sexe, classe,..) concentrés dans un milieu extra-coutumier, que la poudre continue à remplir. La poudre condense, s'il faut en croire le philosophe Michel de Certeau, plusieurs mémoires traditionnelles et modernes. Voilà la puissance de la métaphore !

1.5. La princesse stérile et la noyade

Dans *Moise et le monothéisme*, Freud pensait que l'histoire de la naissance des héros, fondateurs des cités était parée des fantaisies. « La stupéfiante similitude, voire même parfois l'identité de ces récits, chez des peuples différents, souvent très éloignés les uns des autres, est connue depuis longtemps et a frappé nombre de savants. Si, comme l'a fait Rank en utilisant la technique de Galton, on reconstitue une *légende type* propre à faire ressortir tous les traits essentiels de ces récits, on obtient la formule suivante : Le héros est né de parents du plus haut rang, c'est, en général, un fils de roi. Sa naissance est précédée de graves difficultés, par exemple d'une période d'abstinence ou de longue stérilité.[325] ». Dans les deux récits de la poupée sculptée, il y a d'abord ce qui apparait comme constante, le conflit entre deux familles royales ou probablement un conflit entre l'autorité et son sujet forcé de quitter sa patrie. Au cœur de ce conflit une princesse stérile qui provoque la fuite d'autres membres de la famille royale. Puis revient comme une autre intrigue, le bébé de la princesse stérile qui se baignait au bord de la rivière. Enfin, il eut dispute suivi de la fuite des malfrats qui découvre la terre promise comme point de chute de leur hégire : le lac Moëro. Pour toute herméneutique, nous sommes de plein pied dans l'exode de Moïse version Bashila. Nous ne nous hasardons pas de confirmer la thèse de la diffusion du récit, car aucun écrit disponible n'atteste l'osmose entre les deux peuples (juif et Bashila), mais notre thèse de départ qui tend à démontrer malgré le particularisme sérieusement entretenu entre peuples par l'idéologie raciste, il existe une sorte d'universalisme culturel dans certains mythes. Malgré quelques différences près, le noyau du corpus reste intact : la fille stérile du pharaon, le bébé au bord de l'eau, un conflit dans le royaume autour du bébé, puis par la crainte de la colère du roi qui décrète l'infanticide, la fuite des malfrats considérée comme cause de leur libération vers la terre promise.

---

[325] S. FREUD, *Moise et le monothéisme*, Trad. francaise d'Anne Berman, Paris, Gallimard, 1980, p. 9.

1.6.　Transfiguration politique de l'esprit de mort

Le titre de cette partie s'inspire d'un ouvrage de Michel Maffesoli dont l'approche nous est familière. Lorsqu'on interroge les récits politiques des chefs Bashila (Kamfwa, Kapoposhi, Kyaka, Shula et Katuwo), on est frappé par la répétition d'un même phénomène : la perte et le gain du pouvoir après une calamité mystérieuse comme celle qui a frappé l'Egypte des Pharaons rapporté par la Bible (Exode, 7 :27-8 :20). Dieu envoya des grenouilles, des poux et des mouches venimeuses pour piquer les égyptiens, les punir ainsi de leur crimes perpétrés sur les étrangers qui fuyant la famine chez eux sont venus se réfugier en Egypte. Les étrangers affichaient souvent des ambitions belliqueuses, voilà pourquoi Pharaon avait ordonné l'infanticide des garçons juifs pour dissiper toute rébellion qui ne peut provenir des femmes. On pourrait rapprocher ce récit à celui de l'épidémie du fantôme racontée par les clichés politique dans la culture Bashila tout en remarquant quelques disparités évidentes. Il est difficile de définir le kibanda. On distingue la mort naturelle (à terme) d'une mort provoquée (vie injustement interrompue). Dans ce cas, le sorcier voit la personne tuée apparaitre devant lui. Son esprit peut provoquer des dégâts considérables (épidémies, calamité,…) comme dans les cas évoqués dans différentes chfferies. A la suite de Wundt, Freud constate cette conception de la mort dans plusieurs cultures : « Le disparu se transformerait au moment même de sa mort en un démon de la part duquel les survivants ne peuvent s'attendre qu'à une attitude hostile et dont ils cherchent à écarter les mauvaises dispositions par tous les moyens possibles [326] ». De ce fait, « Par une atténuation ultérieure, la méchanceté, au lieu d'être attribuée à tous les morts, n'est restée que la caractéristique de ceux auxquels on pouvait reconnaître un certain droit à la colère et à la rancune : les hommes assassinés qui, transformés en mauvais esprits, poursuivaient sans cesse leurs meurtriers[327] »

1.7.　La terre du fantôme[328]

De ce qui précède, nous remarquons que le pouvoir tire sa source dans la réparation d'un conflit lié à la sorcellerie. Le fétiche de type *ngenda* est la marque d'un voyageur, d'un étranger liquidé dans une terre d'accueil. Ce qui n'apparait pas à première vue dans les récits des informateurs. Mais que ce soit, un assassinat, un mort-né ou le trépas d'une génitrice durant l'accouchement,

---

[326] ID., *Totem*, p. 71
[327] *Ibidem*, p.73
[328] La source du pouvoir dans les chefferies Kyaka, Katuwo, Shula, Mulimba, Kapoposhi, Kamfwa, Kilomba, Kamponge et Kaseba est liée au kibanda.

l'imaginaire collectif pense que l'étranger a été sacrifié pour plusieurs raisons, notamment sa relique est un vrai carburant de la machine sorcière. Un homme raisonnable peut accepter que la terre soit donnée en récompense à la neutralisation d'un fantôme ? Existe-il ? Sous quelle modalité et quelle est sa prégnance dans l'histoire des conquêtes ? Que reste de ces histoires, de ces chefferies qui peuplent l'Afrique une fois dégonflées des mythes qui les protègent ? Comment comprendre le comportement, les rites, les cultes, les croyances nées de ces clichés ? Comment expliquer l'histoire des royautés, des langues, des pratiques si nous coupons par une herméneutique rationnelle et non compréhensive, le pont entre l'imaginaire et le réel, l'historique et le mythique, l'empathique et le scientifique. L'histoire officielle peut-elle expliquer ces origines lointaines brouillées déjà par le mystique ?

« Il s'agit donc d'une série de limitations auxquelles les peuples se soumettent ; ils ignorent les raisons de telle ou telle interdiction et l'idée ne leur vient même pas de les rechercher ; ils s'y soumettent comme à des choses naturelles et sont convaincus qu'une violation appellerait automatiquement sur eux le châtiment le plus rigoureux. Chacun connaît des cas authentiques où une violation involontaire d'une prohibition de ce genre a été suivie effectivement d'un châtiment automatique[329] ». Et ces fait ne peuvent être compréhensibles, dit Freud, que quand nous nous approchons de ces peuples ! C'est pourquoi apparait deux invariants chez Katuwo et chez Kapoposhi: la solitude et le célibat qu'il faut déconstruire et considérer comme défaut de socialisation qui dans toute conquête politique profite à celui qui possède une grande foule. Dans un rapport des forces entre protagonistes, la foi dans l'occultisme compense le célibat (la solitude) devant la supériorité numérique des usurpateurs. Le vaincu par la puissance physique recourt à la puissance mystique. Il refuse de subir l'injustice, de dormir et tire sa revanche dans l'épidémie fantomatique. La réparation de la faute s'accompagne d'une amande foncière. Dans ce cliché de fondation du pouvoir politique africain, la supériorité numérique devient inversement proportionnelle à la supériorité mystique. On peut gagner la guerre sans gagner la paix qui dépend de l'assentiment des vaincus comme cela se passe dans la politique et la diplomatie moderne.

---

[329] S. FREUD, *Totem et Tabou*, p. 32

1.8.   Particularisme et universalisme des mythèmes Bashila

L'histoire des lieux, des hommes et des politiques en culture Bashila se raconte à travers les mythes et légendes. Néanmoins, les nœuds, les intrigues, les invariants continuent à alimenter les correspondances avec l'histoire, les mythes, les légendes d'autres peuples. Cela prouve non seulement que malgré la pluralité et la diversité des cultures, l'esprit humain opère de la même manière en tout espace et en tout lieu. Les mythes étiologiques qui expliquent l'origine de l'univers que nous habitons, les nations et leurs héros sont entourés des légendes comme l'a dit Freud dans *Moïse et le monothéisme*. Souvent une crise, une calamité, une épidémie, un meurtre déclenche ou achève l'acquisition d'une terre ou la perte de celle-ci. Cette crise perçue comme malédiction ou colère des dieux est suivie d'un rite de réparation ou de purification pour le rétablissement de l'ordre. Ainsi l'espace et le temps sont perçus comme l'intervalle entre crises. La morale, les droits, les frontières, les cultes, les rites veuillent à ce que des nouvelles crises ne viennent miner cette quiétude chèrement acquise et entretenue par l'imaginaire collectif. Les cultures avancées n'en procèdent pas autrement ! Toucher aux symboles culturels vous verrez le monde entier crouler sur vous. A titre illustratif, **on avait trouvé une croix gammée inscrite sur la tombe d'un juif**. L'affaire avait agité toute la France de gauche et de droite, athée et croyante, traditionnelle et moderne, conservatrice et réformatrice en soulevant l'émotion nationale par une magnitude inimaginable chaque fois qu'un acte antisémite réveille le fantôme du chaos. Tous les présidents français de la Vé République en vie sont sortis de leur gong pour manifester, condamner, jaser. Après, l'enquête releva que l'auteur de ce psychodrame était un fou ! Révisionnisme, négationnisme ne sont pas des figures de styles. L'histoire n'a que faire de sa vérité.

1.9.   La philosophie de la territorialité

Le dasein heideggérien a besoin d'un chez soi où habiter. Cette excède le simple processus d'habitation domiciliaire. Nous retenons ainsi que chez Heidegger et Bachelard, la maison (natale) est étroitement liée à un état d'harmonie du sujet avec lui-même.La maison étant « la figure majeure d'une dimension ontologique », rend pérenne celle de l'habiter entendu comme «fonction de l'être au monde ». Habiter dans l'enclos procure la sécurité, la familiarité. L'habitation est considérée comme le lieu central où la conscience de l'être-au-monde intègre et accueille les dimensions de l'univers laterre, le ciel, de la vie sociale, des hommes mortels, et du sacré. De cette manière, l'homme mesure et aménage son habitation qu'il peut « *être* la mesure de son être »[330] (…) car l'homme habite en mesurant d'un bout à l'autre le "sur la terre" et le "sous le ciel"[331].   Habiter, selon l'ontologie heideggérienne, « c'est organiser le monde à partir d'un centre, retirer de l'univers inconnu et chaotique un espace que l'on pourvoit de limites, et dont le sens est conféré par l'habitant[332] ». La maison serait, comme le dit bien Gaston Bachelard, « notre coin du monde [333]». L'habitation est au cœur de la dialectique sédentarisme-nomadisme, dialectique qui, de l'avis de George Simmel, « fonderait un binarisme rationnel-irrationnel »[334], base de l'humanité à situer à l'origine. Thierry Paquet tire dans l'étymologie « latine une chaine des variantes qui vont de l'habitation l'habitude, demeurer, fréquenter jusqu'au coït »[335].

Presqu'exclusivement, le sédentaire perd le pouvoir au profit de l'étranger ou le nomade. Le voyageur exige toujours une rançon pour la perte des siens. Au nomade on peut aussi associer la recherche du feu qui manque presque naturellement, car il est difficile de se promener avec le feu même dans la culture moderne, il faut rester quelque part pour l'avoir. Le feu est signe de la sédentarité La pensée d'un nomade est une pensée nomade au sens de Deleuze ou de Maffesoli. Le sédentaire dont l'espace est transcendantal, résultat d'une longue tradition d'établissement a une pensée verticale, stable. Sa philosophie de la territorialité est sédentaire englobante au centre de laquelle se place le sujet. L'étranger, le nomade déploie sa pensée dans un horizon conçu comme un espace lisse, désertique…C'est une pensée qui est un devenir[336]. Le trajet philosophique du sédentaire lui distribue un espace fermé alors qu'au nomade un espace ouvert[337]. La distribution spatiale nomadique n'intègre ni mesure ni limite. Elle propage les espaces interstitiels et brouille les limites. « Il y a hémorragie de la réalité comme cohérence interne d'un univers limité lorsque les limites de celui-ci reculent vers l'infini. Quotidienneté même de la vie élevée au plan de l'habitat signe la fin de la métaphysique [338]». Le nomade précolonial n'est pas différent du

---

[330] M. HEIDDEGER, *op.cit.*, 234

[331] *Ibidem*, p.23

[332] SERFATY-GARZON, *op. cit*, p. 55

[333] G. BACHELARD, *La poétique de l'espace*, Paris, PUF, 1981, p.24

[334] G. SIMMEL, *La tragédie de la culture*, Paris, Rivages, 1988, p. 164

[335] T. PAQUOT, *Habiter, le propre de l'humain. Villes, tenitoires et philosophie*, Paris, Éditions La Découverte, 2007, p.111

[336] Cf. G. DELEUZE et F. GUITTARI, *Milles plateaux. Capitalisme et schizophrenie*, Paris, Minuit, 1980, p.469-470

[337] *Mille plateaux,* p.473

[338] J. BAUDRILLARD, *Simulacres et Simulation*, Paris, Gallilée, p. 181

nomade moderne comme le montre les scènes des migrants, minorités, refugiés, déplacés, les pasteurs face aux agriculteurs…La machine de guerre dont parle Deleuze est la seule arme du nomade qui est un éternel conquérant. Son but est de créer une ligne de fuite créatrice, une composition d'un espace lisse et du mouvement des hommes dans cet espace[339]. C'est la terre qui se déterritorialise elle-même, de telle manière que le nomade y trouve un territoire. La terre cesse d'être terre, et tend à devenir simple sol ou support[340]. « Le processus sera inverse : mettre en place des situations décentrées, des modèles de simulation et de s'ingénier à leur donner les couleurs du réel, du banal, du vécu, de réinventer le réel comme fiction puisqu'il a réellement disparu de notre vie [341]». On voit cette soif créée sans doute par les conflits dans les zones d'origine hanter les migrants en passe de constituer la plus grande crise que l'époque moderne connaît. C'est ainsi qu'il faut comprendre dit Deleuze l'intériorité et l'extériorité des royaumes et des empires[342]. Les conquêtes des chefs au Moëro comme partout ailleurs se dessinent comme le parcours des trajets ouverts à la poursuite d'éléphants, des débouchées, des ressources premières, d'esclaves ou de cuivre. L'identité du voyageur, pense Maffesoli, comporte cette part d'étrangeté en ce qu'il est porteur de nouveautés et, par conséquent, de bouleversements[343] : l'apport du sel, des tissus, de la nourriture, d'armes à feu. L'errance de l'étranger installe généralement l'incertitude et l'anxiété dans son esprit. Même les missionnaires étaient armés des fusils pour combler cette incertitude. Levinas nous indique, en outre, un équilibre à atteindre : le besoin d'un recueillement. Le recueillement, œuvre de séparation, se concrétise comme existence dans une demeure, comme existence économique. Parce que le moi existe en se recueillant, il se réfugie empiriquement dans la maison. Le bâtiment ne prend cette signification de demeure qu'à partir de ce recueillement.[344] Le chez-soi légitime est celui qui repose sur l'hospitalité. Il se constitue d'une part, d'une intimité avec soi-même, avec la tentation de l'ancrage et de la sécurité et d'autre part, de la conscience du «potentiel d'aliénation que porte cette stabilité »[345]. Levinas spécifie que le véritable chez-soi doit être « habité par la discrète présence du féminin. Et l'Autre dont la présence est discrètement une absence et à partir de laquelle s'accomplit

---

[339]*Ibidem*, p. 526
[340]*Ibidem*, p. 473
[341] J. BAUDRILLARD, *Simulacres*, pp. 181-182
[342]*Ibidem*, p. 446
[343] Cf. M. MAFFESOLI, *Nomadisme et vagabondage initiatique*, p.
[344] Cf. E. LEVINAS, *Totalité et infini. Essai sur l'extériorité,* Paris, Librairie Générale Française, 2009, p.164.
[345] SERFATY-GARZON, *Psychologie de La maison : une archéologie de L'intimité,* Montréal, Éditions du Méridien, 1999, p. 63

l'accueil hospitalier par excellence qui décrit le champ de l'intimité, est la Femme. La Femme est la condition du recueillement de l'intériorité de la maison et de l'habitation[346]. »

L'homme incarne dans cette philosophie de la territorialité, le masculin en quête de stabilité. C'est pourquoi plusieurs conquêtes au Moëro comme ailleurs, en commençant par celui de Kazembe seraient le produit du mariage, de l'alliance matrimoniale (Nkuba, Katuwo, Kilomba, …). Tout voyageur épris d'esprit d'aventure a besoin d'une demeure pour s'abriter, du feu pour cuir pour se chauffer, pour manger, la faim étant mauvaise conseillère contre laquelle on ne peut résister. Bien de récits nomades semblent se cristalliser sur l'hospitalité de la femme : le nomade luba Cibind Irung chez la reine Ruwej, le nomade Kazembe chez la reine Nakituti, le nomade Nkuba chez la reine Mwepya, le nomade Katowo chez la reine Mwendangombe. On peut continuer la liste de ces conquérants qui sont presque tous chasseurs en quête de gibier perdu dans la forêt et s'arrêtant devant l'eau ou la case en fumée. Tous aventuriers errants, blanc ou noir, tous civilisateurs jamais sans motif réceptionniste justifiant le déplacement. Pour demeurer dans ce nouvel eldorado, l'étranger se marie dans la famille d'accueil jusqu'à accéder au trône. Il est condamnable dans l'imaginaire Bashila de vivre seul, car la solitude est trop préjudiciable. Ceux qui sont nombreux ont un ascendant sur celui qui vit seul. La solitude est même inconcevable dans le penser noir, affirme par ailleurs Crawford, le missionnaire écossais qui a vécu parmi les Bashila : « Il n'existe pas d'habitation en dehors du mode pluriel du terme. L'équivalent local étant toujours *kwesu* pour désigner à la fois chez moi et chez nous, le pluriel restant verrouillé dans l'attachement à une parenté[347]».

1.10. Philosophie de la Culture : La culture culturante (Lyotard)

Foucault étend le même principe d'exclusion dans l'étude de la folie à l'âge classique[348] et trouve l'impossibilité de partager un même temps et un même espace entre la folie et la raison. Ainsi que nous remarquons, l'exclusion à l'œuvre dans la raison occidentale à partager entre la raison et la sorcellerie, le christianisme et l'animisme, le sacré et le profane, la civilisation et la barbarie, la tradition et la modernité sous la colonisation.

---

[346] E. LÉVINAS, *op. cit.*, p.128
[347] D. CRAWFORD, *Thinking black*, p. 220
[348] Cfr M. FOUCAULT, *L'histoire de la folie à l'âge classique*, Paris, Gallimard,

Loin de nous le binarisme qui fixe l'urgence de cette césure au seul rapport entre le métarécit occidental aux microrécits africains, mais d'étendre l'analyse à tous les rapports entre micro pouvoirs locaux ou des minicultures que nous avons étudiées lors de nos enquêtes dans la vallée de Luapula Moëro. Il apparait vite qu'un certain impérialisme de proximité s'est déjà congelé dans des vérités historiques (Nietzsche). Souvent avec la bénédiction ou la reconnaissance de l'Occident qu'elle accuse pourtant, une sorte d'histoire officielle s'est déjà constituée autour des chefs locaux qui ont dépossédé les véritables autochtones de leur vérité.

Ces métahistoires régionales décrivent l'évolution des peuples du Moëro comme une succession de luttes du pouvoir : Kaponto contre les pygmée, Nkuba contre les Bwililé, Kazembe contre les Bashila, les arabes contre les Bayeke, contre autochtones, les blancs contre les arabes, contre les africains, etc. La césure de quelques lignées indigènes qui ont perdu les repères peut remonter le filon historique en opérant des découpes sur chaque nœuds brouillés par des seigneurs locaux qui ont assombri la véritable histoire avec l'aide des « étrangers » ou considérés comme tels (bemba, Lunda, arabes, blanc) afin d'imposer leur culture et leur histoire locales. Il ne manque pas au Moëro ou ailleurs un conflit de terre qui repose sur des mythes érigés en vérités historique. Comme la profanation de ces mythes provoque les morts, on préfère les vénérer comme des vérités sacrées pour préserver la paix sociale et la cohésion des peuples. Cette attitude ne constitue en rien un particularisme ou un traditionalisme propre à la culture africaine comme les pensent ceux qui crachent sur la mémoire des Bashila. Même dans la modernité, aujourd'hui on voit couler des torrents de sang chaque fois que l'on touche aux mythes islamiques, relativisme culturel oblige !

Gordon est revenu plusieurs fois chez Kazembe qui l'invitait au Mutomboko, une cérémonie royale annuelle et a profité de l'amitié profonde que lui vouait le Chef Lunda pour piocher le fond des puzzles dynastiques bâties sur plusieurs alliances matrimoniales. Sa conclusion est bouleversante : non sans humour, Gordon pense que l'histoire dynastique de Kazembe comme des plusieurs chefs est fondée sur des weltanschauungs, des visions du monde qui ne sont pas véritablement de ce monde. Poussée à l'extrême, sa philosophie de l'histoire pourrait nier l'existence d'une tribu Lunda au Luapula oriental et ouvrir un révisionnisme embarrassant. Ayant interrogé plusieurs protagonistes au trône Lunda, Gordon a constaté que le sang royal Lunda s'est dilué dans un bassin démographique Bashila qui s'est bembaïsé progressivement au cours des siècles. L'étude des filiations par Gordon montrerait que, venus en poignée de main, les

Lunda se sont mariés aux Bashila autochtones qui ont donné leurs neveux au trône. Bien que la succession soit patrilinéaire, sans immigration massive des Lunda de Musumba vers la vallée, il serait illusoire de penser perpétuer une descendance originelle dans un contexte d'infériorité numérique patente! Ce négationnisme tendrait à rejeter l'idée d'une identité ethnique basée sur la filiation sanguine, une population homogène et une langue commune Lunda inconnue de cette population circonscrite dans cet espace géographique, à moins de souligner, pour appuyer notre thèse, le caractère dynamique qui frappe tous les phénomènes culturels en commençant par les mots pour les dire, les ethnonymes. Alors que la méthode de filiation défendue par Gordon reste salutaire, elle pourrait se buter à cette culture culturante annoncée par J.F. Lyotard en train de naître dans nos milieux en brouillant les seuls repères viables surtout que l'on sait que plusieurs esclaves affranchis durant la colonisation se sont mêlés aux clans des anciens maîtres pour former une famille. Demander aux aînés encore en vie leur filiation, vous ne trouverez pas la vérité historique escomptée. Les chaînons manqueront toujours si l'on veut remonter des rejetons actuels aux parents d'origine. Pour certains anciens esclaves, on vous dira que « c*e sont aussi vos frères !* » Sans tracer l'arbre généalogique, le terme frère tend à masquer plusieurs trous historiques pour ne pas ouvrir la boîte à pandore. Dans ce cas précis, la méthode de la philosophie postmoderne recoure à la contradiction pour trouver la vérité. Claude Lévy Strauss disait que « le fait historique n'est pas plus *donné* que les autres ; c'est l'historien ou l'agent du devenir historique qui le constitue par abstraction et comme sous la menace d'une régression à l'infini[349] ».

1.11. Exogamie épistémologique et eurocentrisme

L'intrusion d'un étranger dans la culture était considérée comme l'inceste exogamique, épouser une culture étrangère. Ce mariage interculturel, bien qu'il ait amené des réformes, il a également bouleversé des structures traditionnelles en enrichissant la culture qui est superposition de plusieurs mémoires. Le mal de l'ethnocentrisme de ces pionniers de la civilisation est de penser que l'histoire africaine et sa culture sont des pages vierges sur lesquelles ils vont remplir de leur écriture : la trace crée l'histoire d'autant plus qu'elle hachure une culture à tradition orale, mieux une civilisation sans écriture. La critique à cette philosophie n'a pas tardé à venir : Alors qu'ils pensaient créer un nouveau monde, ils interprétaient un monde qui existait déjà. Alors qu'ils croyaient mieux le comprendre, ils créaient leur propre monde[350]. Cette impasse touchant à la fois le

---

[349] C. LEVI-STRAUSS, *La Pensée sauvage,* Paris, Plon, 1962, p. 340.
[350] Cf. Critique d'Eboussi Boulaga adressée à l'ethnophilosophie.

monde de la culture comme celui de la philosophie est le piège du savant colonial. Michel de Certeau proposait que l'assujetti de l'histoire pouvait griffonner même dans la marge, justement la marge de la contestation. D'autres philosophes de la culture ont pensé qu'il fallait griffonner dans la page car la position centrale de l'Europe dans la page de l'histoire relevait de l'idéologie.

Les ouvrages des coloniaux interprètent deux cultures en cherchant par leurs conclusions l'unicité philosophique pour aboutir enfin dans une sorte de jugement de valeurs. Or il convient d'indiquer que les outils d'analyse utilisés pour juger ont évolué autant que les cultures qu'ils appréciaient. Aujourd'hui ces textes qui ont connu un retentissement sans précédent deviennent des non-sens que ne le furent les mythes et légendes qu'ils étudiaient.

Pour mieux apprécier leur philosophie de la culture, on doit juger leurs travaux à partir de la philosophie de leur temps, le temps de la crise de la raison dans l'histoire occidentale que la deuxième moitié du siècle a bouclé par l'avènement de la postmodernité. De la sorte, nous considérons comme deux traditions (la précoloniale et la coloniale) comme faisant partie de notre tradition africaine. Nous remettons toujours dos-à-dos ces deux traditions de manière à décanter le nouveau paradigme de la philosophie de la culture en postcolonialité. C'est pourquoi notre philosophie de la culture est une mise en cause permanente dans le présent de notre patrimoine culturel traditionnel et moderne.

CONCLUSION

L'histoire et l'imaginaire politiques dans la vallée de Luapula-Moëro semblent se polariser sur un fait la femme. Depuis l'origine des temps immémoriaux la femme est le siège des passions des hommes avec lesquels elle entretient des rapports controversés. C'est avec raison qu'on la considère, bien au de-là de la plume de Crawford, comme la clé de voute des mythes politiques et des conflits. La vie sociétale est comprise comme dialectique chaos-logos. La femme joue un rôle primordial dans ce trouble et le rétablissement de ce chaos sanctionné par la rançon à payer : la terre. Qu'il ait déplacement de ce noyau vers d'autres transfigurations, la silhouette féminine reste gravée dans l'imaginaire collective des Bashila jusqu'à féconder leur matriarcat, leur mode de gouvernance. Tout commence avec le récit de la disparition de la poupée nuptiale qui a été à la base de l'arrivée des Chefs Bantu au Moero. Le Babemba suivi des Lunda, des Babwile considèrent la femme comme l'ontologie du mal et du bien. C'est à partir des alliances matrimoniales que le pouvoir bashila a tissé sa toile dans toute la vallée.

Mais l'exogamie va plutôt disloquer les empires car le mariage de la sœur du chef avec un étranger aboutit souvent à la perte des terres. C'est dans les phantasmes les plus subtils que se raconte l'histoire politique précoloniale du Moero. Les problèmes épistémologiques soulevés par ces fictions mettent en face la science historique en rapport avec ses sources et du coup le statut de la vérité en histoire butée à la révolution épistémologique. La portée du savoir et sa positivité qui s'est constituée autour de l'expérience des cultures européennes remet à la surface l'ethnocentrique et la philosophie de la culture soucieuse de s'émanciper de la modernité qui a fondé les sciences humaines sur le rationalisme. La pensée complexe doit intégrer d'autres modalités dans la connaissance des cultures en mutation. L'analyse des métaphores a générée plusieurs sens que ne le ferait la conceptualisation savante des réalités sociales pourtant molles et fluides. C'est avec bonheur que la postmodernité définit la réalité sociale comme une spirale et non une ligne droit que suit l'évolution de l'humanité. L'herméneutique de la tradition orale et la lecture de la tradition écrite nous a permis de construire notre réflexion autour de deux traditions qui loin de s'opposer cohabitent dans la postmodernité tout en suppléant aux lacunes de la modernité qui s'impose !

L'histoire des lieux, des hommes et des politiques en culture Bashila se raconte à travers les mythes et légendes. Néanmoins, les nœuds, les intrigues, les invariants continuent à alimenter les correspondances avec l'histoire, les mythes, les légendes d'autres peuples. Cela prouve non seulement que malgré la pluralité et la diversité des cultures, l'esprit humain opère de la même manière en tout espace et en tout lieu. Les mythes étiologiques qui expliquent l'origine de l'univers que nous habitons, les nations et leurs héros sont entourés des légendes comme l'a dit Freud dans *Moïse et le monothéisme*.

Que nous révèle ce travail d'archéologie du récit. Contrairement à ce que propagent les courants critiques en philosophie africaine, nous remarquons que loin de penser être un exercice propre aux occidentaux, les gardiens de la tradition ont opéré un travail de rationalisation du mythe progressivement en y incorporant des éléments qui fondent leur légitimité. Cet effort de réinterprétation, qu'on aurait tort de limiter aux sociétés modernes, caractérise plusieurs cultures dans la région du Moëro considérées comme inertes par Hegel et ses admirateurs. Chaque fois que l'on est en présence d'un récit, ne le prenons pas pour un bois mort mais prenons le pour un texte chargé de sens, lequel se construit perpétuellement comme le pense Michel de Certeau

BIBLIOGRAPHIE SELECTIVE

ARENDT, H., *Les origines du totalitarisme*, trad. P. Lévy,
    Paris, Gallimard, 2002.
BACHELARD, G., *La poétique de l'espace,* Paris, PUF,
    1981.
BARTHES, R., *L'aventure Sémiologique,* Paris, Seuil, 1985.

BAUDRILLARD, J., *Simulacres et Simulation,* Paris,

    Gallilée, s.d.

CAMPBELL, D., *In the Hearth of Bantuland*, London,

    Printed in Great Britain at The Mayflnver Press, Plymouth. William
    Brendon & Son, Ltd., 1922.

CERTEAU, M., de, « Une épistémologie de transition :
    Paul Veyne », dans *Annales. Histoire, Sciences Sociales*, Ecole des
    Hautes Etudes en Sciences Sociales, 27è année, n°6, Nov.- Déc.,
    1972.
CHEMAMA, R. et VANDERMERSCH, B., *Dictionnaire*
    de la psychanalyse, Paris, éd. France Loisirs, 2002.
CRAWFORD, D., *Thinking black. 22 years to the long gress*
    in Central Africa Come back to the long gress. My link with
    Livingtston, 1912.
DIAGNE, M. *De la philosophie et des philosophes en Afrique*
    noire, Paris, Ifan-Karthala, 2006.

DENNIS, G., Fowler *A Dictionary of Ila Usage*, Inédit.

DERRIDA, J., *De la grammatologie*, Paris, Seuil, s.d.
DELEUZE, G. et GUITTARI, F., *Milles plateaux.*
    Capitalisme et schizophrénie, Paris, Minuit, 1980.
FREUD, S., -*Psychanalyse et médecine,* Paris, Gallimard,
    1950
    -*Totem et Tabou. Interprétation par la psychanalyse de la vie des*
    peuples primitifs, Paris, payot, 1965.

-*Moise et le monothéisme*, Trad. française d'Anne Berman, Paris, Gallimard, 1980.

FOUCAULT, M., -*L'ordre du discours,* Paris, Gallimard, 1971.

Les mots et las choses. Une archéologie des sciences humaines, Paris,   Gallimard, 1966.

-*L'histoire de la folie à l'âge classique*, Paris, Gallimard, s.d.

GORDON, D., *Nachituti's Gift: Economy, Society, and Environment in Central Africa*, Madison: University of Wisconsin Press, 2006.

LAGACHE, D., LAPLANCHE, J. et PONTALIS, J.-B. (dir), *Vocabulaire de la psychanalyse*, Paris, PUF, 1968.

LEVINAS, E., *Totalité et infini. Essai sur l'extériorité,* Paris, Librairie Générale Française, 2009.

LEVI-STRAUSS, C., *La Pensée sauvage,* Paris, Plon, 1962.

LYOTARD, J.-F.,   *La phénoménologie,* Paris, PUF, 1954.

MAFFESOLI, M., -*Eloge de la raison sensible,*

-*Nomadisme et vagabondage initiatique,*

-*Après la modernité. La conquête du présent*, Paris, CNRS, 2008.

NIETZSCHE, *L'Antéchrist. Essai d'une critique du christianisme,* s.l., s.e., s.d.

NKOMBE Oleko, *Métaphore et métonymie dans les symboles. L'intersubjectivité dans les proverbes tétéla,* Kinshasa, Facultés Catholiques de Kinshasa, 1979.

PAQUOT, T., *Habiter, le propre de l'humain. Villes, territoires et philosophie,* Paris, Éditions La Découverte, 2007.

PLATON, *Timée,* Traduction et adaptation par Emile Chambry, Paris, Ed. Garnier, s.d.

RICOEUR, P., *Le conflit des interprétations. De l'interprétation*, Paris, Seuil, 1965.

SERFATY-GARZON, *Psychologie de La maison : une archéologie de L'intimité,* Montréal, Éditions du Méridien, 1999.

SIMMEL, G., *La tragédie de la culture,* Paris, Rivages, 1988.

VANSINA, J., *De la tradition orale. Essai de méthode critique*, Tervuren, Musée Royal d'Afrique Centrale, Belgique, Annales, Série 8, Sciences Humaines, n°36, 1979.

WEBER, M., *Essai sur la théorie de la science*, Paris, Plon,
1965.

Livres et contributions de Louis MPALA Mbabula publiés aux éditions Mpala de Lubumbashi (1990-2019) et ailleurs

1-*Que dit la Bible sur la consultation de devin* ? Lubumbashi, Editions Mpala, 1990

2-*Où est Dieu ? Essai philosophico-théologique sur la souffrance*, Lubumbashi, Editions Mpala,1990.

3-*Quel discours pour quel développement ? De la philosophie de la conversion mentale* (en collaboration avec MISENGA Nkongolo et BADIBANGA Mputu), Lubumbashi, Editions Mpala, 1991.

4-*Les béatitudes pour qui et pourquoi faire ?* Lubumbashi, Editions Mpala,1991

5-*Qui est mon frère ? La chrétienté face à la katangaphobie et à la kasaïphobie*, Lubumbashi, Editions Mpala,1992.

6-*La réconciliation ou le triomphe de la vérité sur le mensonge*, Lubumbashi, Editions Mpala,1992

7-*Éveil de la conscience chrétienne à l'unité du peuple de Dieu*, Lubumbashi, Editions Mpala,1992

8-*Du découpage du Katanga*, Lubumbashi, Editions Mpala, 1992

9-*À propos matérialisme dialectique et de ses lois*, Lubumbashi, Editions Mpala,1992

10-*Où est l'homme ? Essai sur l'hypocrisie* , Lubumbashi, Editions Mpala,1992

11-*Du royaume de Dieu sur la terre katangaise. Vol.1*, Lubumbashi, Editions Mpala, 1993

12-*Le chrétien face à la politique ou l'éducation à la révolution intégrale*, Lubumbashi, Editions Mpala, 1993

13-*Attention à la démocratie consociative du philosophe IRUNG Tshitambal !* Lubumbashi, Editions Mpala, 1994 .

14-*Bioéthique biblique ou appel à la conscience humaine*, Lubumbashi, Editions Mpala, 1995

15-*Science et foi ou appel à la maturité humaine.* Préface de KASAMWA Tuseko, Lubumbashi, Editions Mpala, 1995

16-*Éducation à la conscience et à la raison. Introduction à la philosophie de Masada,* Lubumbashi, Editions Mpala, 1995

17-*Lecture matérialiste de « La philosophie bantoue » de Placide TEMPELS.* Préface de MAYELE Ilo, Lubumbashi, Editions Mpala, 1999, 2000. Préfacé en 1999 par Basiono et en 2000 par le Philosophe Mayele Ilo

18-*Critique de l'anthropologie philosophique de Karl MARX,* Lubumbashi, Editions Mpala, 1999

19-*Actualité et limites de la Bolingocratie du Philosophe MVUMBI ,* Lubumbashi, Editions Mpala,2000.

20-*La dialectique : de Héraclite d'Éphèse à Georges Gurvitch,* Lubumbashi, Editions Mpala, 2000.

21-*La dialectique comme méthode de recherche scientifique,* Lubumbashi, Editions Mpala, 2001

22-*Pour vous chercheur. Directives pour rédiger un travail scientifique.* Préface de NGOIE Mafuta, Lubumbashi, Editions Mpala, 2001

23 *« Hors-jeu » pour le philosophe MABASI. Etude critique de « Science et philosophie en Afrique »,* 2002

24-*L'histoire a-t-elle un sens ? Petite introduction à la philosophie de l'histoire de Karl MARX et de Friedrich ENGELS,* Lubumbashi, Editions Mpala, 2002.

25-*La conception du travail chez Karl MARX. Préface critique de Tom ROCKMORE,* Lubumbashi, Editions Mpala, 2002

26-*Pouvoir et limites de la raison. Cours d'histoire de la philosophie moderne occidentale,* Lubumbashi, Editions Mpala, 2002.

27-*Euthanasie : pour ou contre ? Approche philosophique.* Préface de Maurice CAILLET, Lubumbashi, Editions Mpala, 2002.

28-*La passion de connaître et la recherche du bonheur. Cours d'histoire de la philosophie antique ,* Lubumbashi, Editions Mpala,2003.

29- *A quand « L'identité post-tribale au Congo-Kinshasa » de Malemba ?* Lubumbashi, Editions Mpala, 2004

30-*Petite introduction aux sources d'information. Préface de E. BANYWESIZE,* Lubumbashi, Editions Mpala,2005.

31- *L'Altermondialisme à l'assaut de la mondialisation. Regard critique.* Préface du Pr Nkombe Oleko, Lubumbashi, Editions Mpala,2007.

32. *L'homme comme animal raisonnable. Cours de logique formelle*, Lubumbashi, Editions Mpala, 2008

33. *La philosophie comme amour de la sagesse. Cours de philosophie*, Lubumbashi, Editions Mpala, 2008

34-*Éducation à la citoyenneté et à la prévention contre le VIH/SIDA* (en collaboration avec Honoré Mitonga), Lubumbashi, Editions Mpala, 2008.

35.-*Approche philosophique de la violence sexuelle. Cas de la République Démocratique du Congo*, Lubumbashi, Editions Mpala, 2009.

36- *Le Congo-Kinshasa face à son indépendance 50 après. Approche philosophique.* Préface du Professeur Emmanuel Banywesize, Lubumbashi, Editions Mpala, 2010.

37. *Nakalebalika paliba KATUMBI Chapwe Moïse naba KATUMBA Mwanke Augustin*, Lubumbashi, Editions Mpala,2011.

38. *Qu'est-ce que "La Révolution de la Modernité"? Débat idéologique*, Lubumbashi, Editions Mpala, 2012

39. *Pour la démocratie prosôponiste.* Préface du professeur E. Banywesize, Lubumbashi, Ed. Mpala, 2013.

40. *Lubumbashi, cent ans d'histoire* (sous la direction d'AMOURI-MPALA Lutebele), Paris, L'Harmattan, 2013

41. *Histoire de la philosophie de l'antiquité chrétienne et du Moyen Age* (en collaboration avec Marcel VERHUSLST), Lubumbashi, Editions . Mpala, 2014.

42. *Des symphonies pour la croissance verte. Littérature et dynamiques de l'environnement* (sous la direction d'AMOURI-MPALA Lutebele), Paris, L'Harmattan, 2014.

43. *Attention aux impostures religieuses ! Cas de l'Enfer et du Ciel,* Lubumbashi, Editions Mpala, 2015.

44. *Pour la philosophie africaine.* Préface du professeur Taty Mabika, Paris, Edilivre, 2015

45. *Pour une nouvelle narration du monde. Essai d'une philosophie de l'histoire.* Préface du Professeur Tom Rockmore, Paris, Edilivre, 2016.

46. *Philosophie pour tous. Introduction thématique à la philosophie occidentale et à la philosophie africaine*, Paris, Edilivre, 2016.

47. *La postmodernité à l'assaut de l'Afrique traditionnelle. Critique de la philosophie au marteau*, Lubumbashi, Editions Mpala, 2017.

48. *Pour vous chercheur. Directives pour rédiger un travail scientifique* suivi de *Recherche scientifique sur Internet.* Préface de Mayele Ilo, Lubumbashi, Editions Mpala, 2017.

49. *Hegel et Marx face au sens de l'histoire. Regard critique sur la philosophie de l'histoire.* Préface du Professeur Tom Rockmore, Paris, Edilivre, 2017.

50. *La réincarnation existe-elle ? Arguments pour et contre*, Beau Bassin, Editions Universitaires Européennes, 2018.

51. *Pour réussir à rédiger un article scientifique*, Lubumbashi, Editions Mpala, 2018.

52. *L'Homocentrisme par-delà l'eurocentrisme et l'afrocentrisme.* Préface de Benoit AWAZI, Paris, Edilivre, 2018.

53. *Stefano Kaoze : la sagesse bantu et l'identité négro-africaine. Mélanges offerts à l'abbé Stefano Kaoze à l'occasion du centième anniversaire de son ordination sacerdotale*, Paris, L'Harmattan, 2018, en collaboration avec Olivier NKULU Kabamba.

54. *La philosophie négro-africaine en marche. Dialogue avec le philosophe camerounais Hubert MONO Ndjana (dir), Paris, Edilivre, 2019.*

55. *Guide méthodologique pour doctorant*, Lubumbashi, Editions Mpala, 2019 (en collaboration avec Marcel NGANDU Mutombo).